ちくま文庫

京都食堂探究

「麺類・丼物」文化の美味なる世界

加藤政洋
〈味覚地図〉研究会

筑摩書房

京都食堂探究　目次

京都食堂探究

はしがき

西陣のうどん屋から

京都には、街のあちらこちらに食堂があります。食堂といっても、店名や看板に「食堂」という文字がふくまれないことも多く、麺類や丼物をメニゥに取り揃えた飲食店と考えていただければよいでしょう。いっけんすると、東京の蕎麦屋に類する存在です。本書では便宜的にそれらを「京都食堂」と呼ぶことにします。

まずは一軒、典型的な京都食堂に読者のみなさんをご案内します。和装関連の在来産業地区として知られる西陣《にしじん》のほぼ真ん中に、Aという食堂があります。

京都では、住宅や事業所の所在地を示す際に住居表示をもちいることはあまりなく、碁盤目状の街区の特徴をいかし、東西／南北の直行する街路名を組み合わせて説明するのが一般的です。ここでもそれにならうと、「中立売大宮西入《なかだちうりい》ル」となります。東西の街路である中立売通に面して、南北の街路である大宮通との交差点から西に入ったところに立地している、というわけです。南北の街路に位置する場合は、大宮中立売上《あが》ル（下《さが》ル）となります。

食堂Aは中立売通に面した南側に店を構えており、建物正面の「うどん そば」という大きな看板が目を引きます。ガラス窓の格子には、手書きの文字でしょうか、「街のうどんや」と書かれた小さな看板も掲げられていました。その下にはメニゥが並んでいて、麺類と丼物を中心とした食堂であることがわかります。

暖簾《のれん》をくぐると、店内は思いのほかひろく、八卓あるテーブルの奥に、厨房がみえています。歴史を感じさせる飲食空間で、壁に掛けられた品札のほかに、各テーブルにもメニゥが置かれていました。ここではみられませんが、店によっては、厨房と飲食スペースとを結ぶ小窓が、まるで古い医院の受付窓口のように設置されているところも多く（図1）、店主の顔や料理のプロセスを見ることができないこともしばしばです。

さて、みなさんは何を注文するでしょうか。食いしん坊の人なら、「うどん」か「そば」と丼とを組み合わせるかもしれませんね。底冷えする季節でしたら、「たぬき」か「のっぺい」をおすすめします。

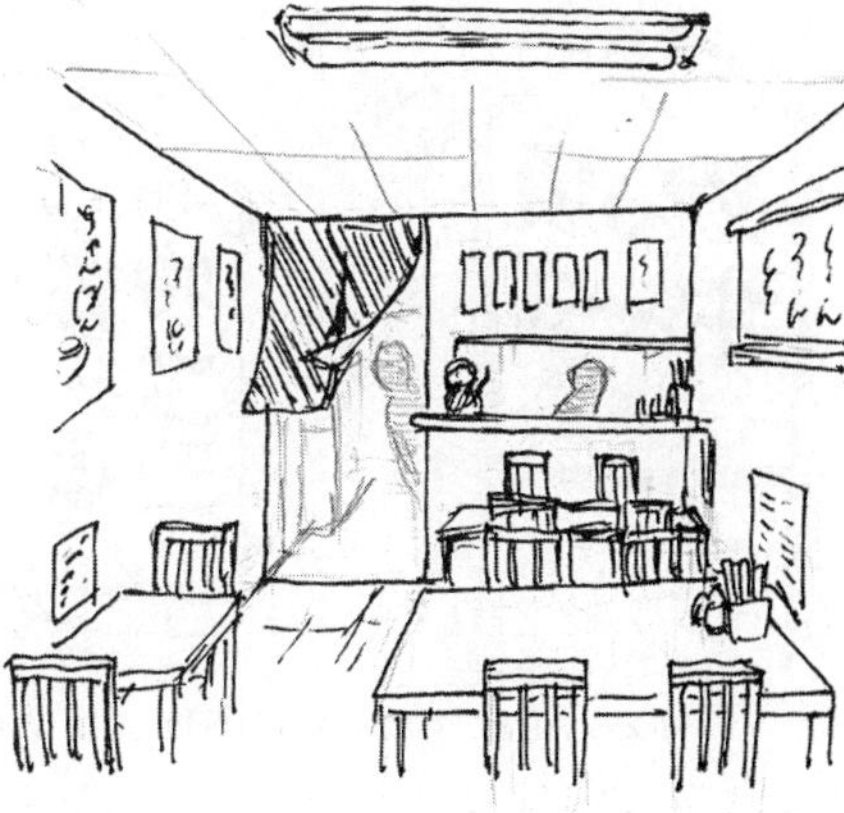

図１　食堂Ａの店内

メニゥにはビールと日本酒もありますが、つまみになる一品はなく、東京の蕎麦屋のように酒・肴をたのしむ空間ではありません。燗《かん》をつけた日本酒でちびりちびりやっていると、きました、きました、「のっぺい」が。きっとお気に召すことでしょう。

寿司、カレーライス、もち

食堂Aにはありませんでしたが、京都では図2のような看板をよく目にします。

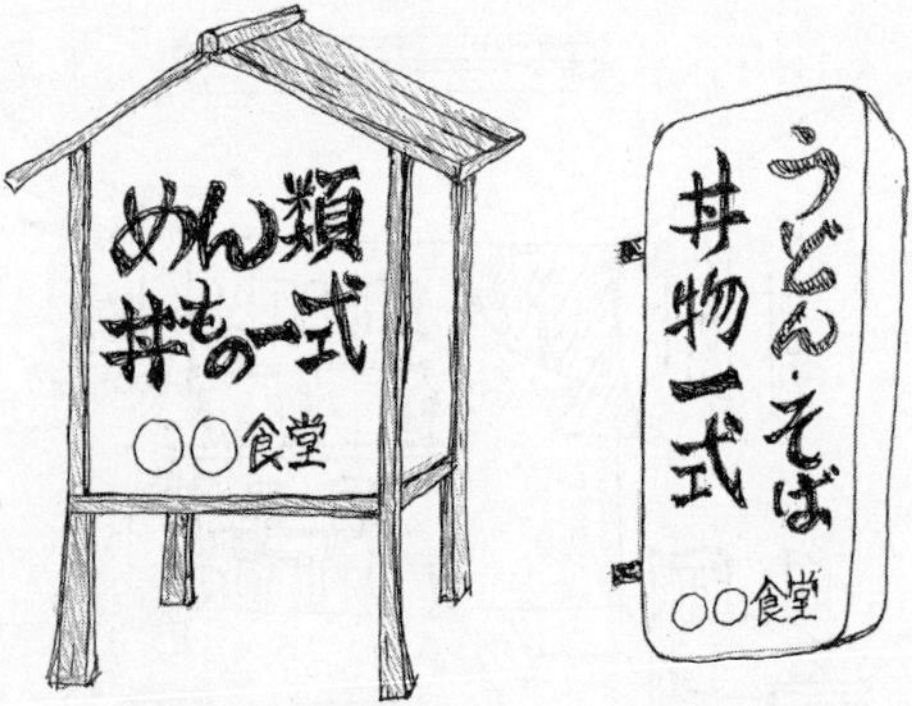

図2　「麺類・丼物一式」の看板

そう、豊富な麺類のメニゥに特定の丼物をも供するのが京都食堂。誰が呼んだか「麺類・丼物一式」は、食堂の決まり文句となっているのでした。麺類のみならず、どんぶり飯のうえにおかれる具材には、いかにも京都らしい特色が、いくつも見いだされます。この点については本文で取り上げることとしましょう。

食堂のメニゥは、麺類と丼物ばかりではありません。店によっては、寿司まで用意されています。元来、海のない都市のことですから、江戸前流のにぎりなど望むべくもありませんが、「いなりずし」と「巻きずし」(＝太巻き)は、比較的どの店にもおかれており、「いなり」と「巻き」を組み合わせた「助六《すけろく》」もメニゥにのぼります。ほかにも、きゅうりや新香《しんこ》の細巻き、ちらし寿司、そして少し値ははりますが京都名物の鯖寿司《さばずし》まで、麺類といっしょにいただくことができるのです。

ほかにも「洋皿」などとして、焼きめし、ドライカレー、チキンライス、オムライス、そしてカレーライスもありますし、野菜炒め、生姜焼き、からあげ、魚フライ、とんかつ等々、揚げ物を中心とする定食の充実した店も多く、気軽にはいって何を注文するか迷うこともしばしばです。

そして、もうひとつ。「力餅《ちからもち》」「夫婦餅《めおともち》」「鳥餅」「肉餅」などのうどん類はもちろんのこと、中華そばにさえ餅が入る点も、京都食堂ならではといえるでしょう。赤飯や山菜おこわ、食後の甘味類として、おはぎ（あんこ・きなこ）にぜんざいまでおいている店もあります。このように、もち米をあつかう料理が多いのは、「力餅」や「大力餅《だいりきもち》」、そして「相生餅《あいおいもち》」など、「～餅」を名のる系統的店舗がひろく展開していたことに起因しています（図3）。

社会学者である奥井亜紗子《おくいあさこ》氏の研究によると、これら餅系食堂の経営者は兵庫県但馬《たじま》地方出身の同郷者たちであり、二〇世紀を通じて暖簾分けが繰り返され、京阪神の都市圏を中心に店舗がひろがっていったのでした。

餅系食堂の代表格である「力餅」が、「創業以来満二十五周年に相当致《いた》し現今二十四軒の店舗を設け日に隆盛に趣き候《そうろう》」ことに感謝すべく、「力餅廿《にじゆうご》五周年記念売出

図３　餅系食堂の外観

し」をしたのは、昭和四（一九二九）年十一月のことです（『京都日日新聞』昭和四年十一月二十二日）。すると、創業は明治三十七（一九〇四）年ということになります。
奥井氏によると、「当初は甘味食堂だったが、大正末期には甘味処から麺類、丼ものを加えた大衆食堂へと展開し、但馬出身者の縁故採用による住込み従業員の暖簾分けで次々と店舗を増やしてい」ったといいます。実際、京都の「力餅」は、昭和四年段階で市街地にひろく分布していました。

昭和初年の京都の商工業者名簿をみると、「力餅」はまだ飲食店（麺類）としてではなく、食料品店（餅）に分類されています。創業二十五周年を記念した売出期間中のサーヴィスは、現金での「買上」（二十銭）ごとに「ぜんざい」の無料券（各店共通）を「進呈」したといいますから、おそらく当時は自家で餅を製造する小売店・甘味処だったのでしょう。名簿に飲食店（麵類）として登場するのは昭和十年代に入ってからのことなので、徐々に食堂へと業態を転換していったものと思われます。

京都では、現在も「おはぎ」などの甘味類や、先にみた餅入りの麵類が供されていることを考えると、餅屋にはじまる伝統は、いまも脈々と受け継がれていることがわかります。

本書のメニゥ

ある店のテーブルに置かれたメニゥから、おもな麵類・丼物を書き抜いてみたのが表1です。なかには、見慣れぬ品もあることでしょう。

「うどん／そば」は、京都で「かけ」と称されることはなく、「素《す》うどん／そば」でとおります。「きつね／たぬき」はよく知られていますね。ところが、京都では見た目からして、どちらも他とは異なっています。みなさんが京都の食堂で「たぬき」を注文されたなら、狐につままれることうけあいです（第1章）。

あんかけは和食や中華料理でもよくもちいられますが、京都食堂にあって〈あんか

表1　食堂のおもなメニゥ

うどん【第2章】	かやくとじ【第3章】
そば【第2章】	天とじ【第3章】
きつね【第1章】	他人うどん【第3章】
あんかけ【第3章】	親子なんば【第3章】
たぬき【第1章】	にしんそば【第3章】
月見うどん【第3章】	なべ焼うどん【第2章】
玉子とじ【第3章】	きつね丼【第3章】
しっぽく【第2章】	玉子丼【第3章】
肉うどん【第3章】	カレー丼【第4章】
鳥なんば【第2章】	肉カレー丼【第4章】
カレーなんば【第4章】	肉丼【第3章】
肉カレーうどん【第4章】	木の葉丼【第3章】
けいらん【第3章】	親子丼【第3章】
のっぺい【第3章】	他人丼【第3章】
天ぷらうどん【第2章】	天ぷら丼【第3章】
中華そば【第4章】	玉吸い物【第4章】

け〉麺類の存在感は抜群です。ここでひとつクイズを。このメニゥのなかに、「あんかけ」をふくむ〈あんかけ〉麺類は、いくつあるでしょうか？　答えは六つです（第3・4章）。

　麺類・丼物を問わず、玉子とじが充実していることもうかがわれます。丼についてみると、「玉子丼」と「親子丼」は一般的ですが、「木の葉丼」をご存じでしょうか。また、このメニゥにはありませんが、「木の葉丼」とならぶ京都食堂の定番が「衣笠《きぬがさ》丼」にほかなりません。どちらも〈玉子とじ〉ですが、はたしてその正体やいかに。同じくこのメニゥにはない「かつ丼」も、京都の食堂ではどこでも隠れた工夫がなされています（第3章）。

表1上段の麺類には、「しっぽく」があります。その音韻からは、長崎の卓袱《しっぽく》料理が想起されるでしょう。そう、長崎に由来する「卓袱＝しっぽく」が摩訶不思議、京都食堂ではうどんとして定着しているのです。その来し方と麺料理としてのひろがりには、じつに興味ぶかいものがあります（第2章）。

意外に思われるかもしれませんが、京都食堂では「中華そば」以外にも中華麺が好んでもちいられています。なかには「黄《き》そば」などと称して、うどん出汁でいただく一杯もあるのでした。この黄そばに京都食堂の不思議と妙味が凝縮されているといっても過言ではありません（第4章）。

＊

本書は、食べることの好きなもの同士が集まり、ひたすら京都の食堂を食べ歩きながらものした記録です。店で麺類や丼物を食べては情報を持ち寄り、時には文学作品の世界に遊びつつ、また時には今はやりの「町中華」にも寄り道して、京都食堂を探究する一書としてまとめました。

いっけんすると普通にみえて、「麺類・丼物一式」には、じつにさまざまな謎と驚きが隠されています。本書を片手に食堂の暖簾をくぐり、さあ、丼のなかの不思議の世界へご一緒に。

第1章　上方〈麺〉問答——諸説覚書

1 「きつね」は「けつね」か

「このうどんはたまらねえ」

腹をすかせた二人の旅人が駅前の食堂に入り、一人が肉うどんをすするシーンからはじめよう。

さて、京都駅へ早朝に着くと、ひどく腹が減っている。

そこで、取りあえず、都ホテルへ行く前に駅前の食堂へ入り、私は親子丼《どんぶり》、井上は肉うどんを食べた。

すると井上が、

「ふうん……こいつはうまい。このうどんはたまらねえ」

と、いう。

「うどんなんか、うまいわけがねえ」

「いや波さん、そうじゃない。京都のうどんは東京のとちがうぜ。ま、食べてごらんよ」

そこで、井上のうどんを一口やってみると、まさにうまい。薄味の汁《つゆ》が、なめらかなうどんにぴたりと似合っている。東京の辛い汁のうどんとは、まるで味がちがう。

これなら蕎麦もうまいだろうと、こころみてみたが、これはどうも、私たちにはいけなかった。

京・大阪のうどんのうまさについて、くだくだしく書きのべるにもおよぶまい。名の知れた有名店でなくとも、どこの店でもうまい。

これは、東京生まれの池波正太郎《いけなみしようたろう》（一九二三―九〇）と友人の井上留吉とが、京都に旅して駅頭に降り立った際の最初のやりとりなのであった。この旅を通じて池波は、京都――そして、おそらく後に大阪――の「うどんのうまさ」を発見したようだ。享和二（一八〇二）年に初めて来洛《らいらく》した曲亭馬琴《きよくていばきん》（一七六七―一八四八）が、「京にて味よきもの、麩《ふ》、湯皮《ゆば》、芋、水菜、うどんのみ、その余は江戸人の口にあはず」と記したことが思わず想起される（『壬戌羇旅漫録』）。

ここで池波は「京・大阪のうどんのうまさについて、くだくだしく書きのべるにもおよぶまい」といってさらりと書き流すけれども、京都駅前の「肉うどん」はともかく、大阪のうどんは何を思い浮かべていたのであろうか。それは、今でも大阪名物のひとつに数えられる「きつねうどん」だったにちがいない。

「まったり」として……

大阪出身の小説家で食通としても知られた藤澤桓夫《ふじさわたけお》（一九〇四―八九）は、「きつねうどん」について次のように述べていた。

ところで、われわれ大阪人が二三人寄つて、たまたま大阪の食べ物の品定めをするやうな場合、必ずと言つてよいくらゐ、話題に上るのは、きつねうどんである。

「きつねうどんは美味いなあ。」

結論は、きまつてこれだ。

きつねうどん、と言つても、何も変つた食べ物ではない。うどんの上に油揚げの甘く煮たのが二枚くらゐ載つてゐるだけの至つて平凡な市井《しせい》の食べ物に過ぎない。が、うどん、汁、油揚げ、それに薬味の生葱《なまねぎ》の混然と融け合つて生れる味が、上方《かみがた》風に所謂《いわゆる》まつたりとして、それでゐて決してあくどくなく、何《な》んとも言へず捨て難いのだ。　（藤澤桓夫「きつねうどん」）

伝承料理研究家の奥村彪生《おくむらあやお》（一九三七―二〇二三）もまた、次のように解説する。

大阪うどんの特徴はモッチリとして、だしの味は大阪弁に似てまったりしている。その代表はきつねうどん。これは南船場《みなみせんば》にある「うさみ亭マツバヤ（旧名・松葉屋）」で1893（明治26）年に誕生した。

その味に磨きをかけたのが、2代目宇佐美辰一氏である。

藤沢と奥田に共通するキーワードは「まったり」だ。「元祖きつねうどん」を標榜する松葉家（現・うさみ亭マツバヤ）の二代目主人で大正四（一九一五）年生まれの宇《う》佐《さ》美《み》辰一《たつかず》もまた、「まったりとしていて、どこといって勝ったところのないのが大阪のおうどん」であると述べていた（宇佐美辰一『きつねうどん口伝』）。「まったり」とは、「食物の辛くない落ちついた味をいふ」のだが（牧村史陽編『大阪方言事典』）、どれだけ書きつらねるよりも、こればかりは実際に食べていただくほうがはやいだろう。

「きつねうどん」の誕生に関しては諸説あるようで、かりにこの説にしたがうならば、同じく京都の名物たる「にしん蕎麦」とともに、明治期の発明ということになる。上方を代表する二つの麺料理文化は、近代化期にうみだされていたのだった。

断じて、きつね

池波正太郎もにおわせていたように、そばは江戸（東京）にかぎるが、うどんならば関西という比較麵類学的な語りをよく耳にする。

関西と関東のちがいといえば、よく引き合いに出されるのがうどん。わたしも東京ではじめておうどん食べたとき、まっくろけっけなお汁の中に、ふとーい麺がどよんと沈んでいるのを見て、びっくりしました。

「こんなもん、おうどんちがうわ。よう食べん」と、そのときはどんぶりを前に泣きそうになったけれど、慣れてくると東京のうどんはうどんでまた別の味わいがあります。そやけど、やっぱりおうどんは大阪にかぎるわあ。

大阪のうどんといえば、一番にあげられるのが、たぶんきつねうどんではないでしょうか。大阪の人は「けつね」と言うと言われますが、いままでわたしはそんなんきいたことありません。大阪もきつね。断じて、きつね、です。「うろん」とも決して言いません、念のため。

（小林カツ代『小林カツ代の「おいしい大阪」』）

これは大阪出身の料理研究家、小林《こばやし》カツ代《よ》（一九三七―二〇一四）の指摘である。彼女は「断じて、きつね、です」と言うのだけれども、大阪文化を知るうえで欠くべ

からざる牧村史陽《まきむらしよう》（大阪ことばの会）編『大阪方言事典』（昭和三十〔一九五五〕年発行）を引いてみると、

キツネ【狐】きつねうどんの略。素うどんに薄揚げを入れ添へたもの。…〔略〕…訛って、ケツネ・ケツネウドン。

ケツネ【狐】②きつねうどんの略。汁のあるうどんに薄揚げと葱を入れ添へたもの。シノダ【信太】。

シノダ【信太】きつねうどんの異称。

とある。また、昭和三十一年に発行された女性誌でも、

最も大阪らしいうどんは、ケツネうどんである。これは甘く煮た油揚げをうどんにのせたものである。キツネうどんであるが、大阪の方言でケツネという。

（藤浪みや「食べもの風土記11」）

と紹介されていることから、少なくとも昭和二十年代には「けつね」が「きつねうどん」の異称として定着していたものとみてよい。

エンタツ・アチャコの回想

「けつね」が現在も使われている（発音されている）かどうかはともかく、ここにじつに興味ぶかいひとつの異説が存在する。

大阪の放送局に勤務した時に、はじめて大阪のうどんのうまさを知った。もう二十年前になろうとしている。昼めしどきになると、大阪の人たちが、「おい、ケツネうどんでもいこか」と言う。それがキツネうどんであることはすぐわかったが、いかにもケツネといったほうがうまそうに聞こえた。

エンタツ・アチャコと対談した時、このことをもちだして、「大阪では、エントツのことをエンタツと言いますし、キツネのことをケツネと言うんですね」

と聞くと、エンタツが、

「そんなことは私ら古いもんは言わへんけどなあ」

と、けげんな顔をした。すると、となりのアチャコが、にやにやしながら、

「あれはネ、私が『お父さんはお人好し』の放送の中で、はじめてケツネうどんと言うたんだ。それが正しい大阪言葉やと、みんなが思いこみよったんですワ。あれは大阪弁とちがいます」

（山川静夫「ケツネとキザミ」）


これは、当時NHKアナウンサーにして歌舞伎にも精通した山川静夫《やまかわしずお》（一九三三―）が、漫才コンビの横山《よこやま》エンタツ（一八九六―一九七一）と花菱《はなびし》アチャコ（一八九七―一九七四）と対談した際に引き出したエピソードである。「ケツネ」について、エンタツが「私ら古いもんは言わへんけどなあ」と疑念を呈したのに対し、アチャコは驚くべき事実を披歴《ひれき》した。はじめて「ケツネうどん」と言ったのは自分であり、それは大阪ことばではないのだ、と。『お父さんはお人好し』は、昭和二十九（一九五四）年十二月以降五〇〇回にわたり放送されたNHKのラジオド

ラマである。

ここでのポイントは、エンタツは「ケツネうどん」とは言わないといい、アチャコもまた、どの回かは不明なものの、少なくとも番組開始まではそういう言い方がなされていなかったことを認めていることである。すると、昭和十二年生まれの小林カツ代が「わたしはそんなんきいたことありません」と言い張ることにも一理あったように思われなくもないのだが、すでにみたとおり、昭和三十（一九五五）年発行の『大阪方言事典』に「ケツネ」が掲載されていたことを考えると、やはり巷間《こうかん》でこの呼び方がすでになされていたのだろう。

こころみに朝日新聞社のオンライン記事データベース『朝日クロスサーチ』を検索してみると、『東京朝日新聞』大正六（一九一七）年三月十日朝刊に掲載された「富田屋八千代を観るの記（大阪スケッチ）二、博士と下駄と煙草」には、「うどん屋」で「テレ隠しにけつねうどんを又一杯喰ふ」というシーンが描かれていた。少なくとも大正期には人口に膾炙《かいしや》し、戦後は思いのほかひろがりをみせていたのかもしれない。

明治二十六（一八九三）年に発明された「きつねうどん」は、当初はごく一部の口の端にのぼる程度であったものの、いつのまにか「けつね」に化けていたのだ。

なお、宇佐美辰一によると、「きつねうどん」が生み出された当初は、「おあげさんの数も…〔略〕…お稲荷さんの一対のおきつねさんに合わせて二枚やった」そうで、「また、小ぶりのおあげさんを二枚のせた戦前までのきつねうどんを「しのだうどん」と名づけて、お出ししている」ともいうので、「大きなおあげさんが中央にのったきつねうどん」は戦後のスタイルであると考えられる。

2 「きつね」か「たぬき」か

「めしのお菜」

筆者のひとりが大阪市の南端で学生生活を送っていたころ、最寄り駅の前に小さな定食屋があった。そこのメニゥはといえば、とにかくどれもヴォリュームがあるうえに、いかにも安い。田舎者の筆者をいちばん驚かせたのは「お好み焼き定食」、当時三百五十円である。驚かされたのは値段ではない。大きな「お好み焼き」にご飯とみそ汁の付いた「定食」、つまりお好み焼きがおかずであることに驚愕《きょうがく》したのだ。

今ではすっかり慣れ親しみ、次のような藤澤桓夫の語りもまた、すんなりと胸に落ちる。

…〈略〉…主婦が食事時に外出から帰つて、お菜を作る時間がないやうな場合、「きつねうどん言うといで。」と言ふやうなことになる場合も多いわけだ。

僕なども、子供の時から、さう言ふ機会にきつねうどんに親しむ機会が多かつたからか、きつねうどんを一種の副食物のやうに御飯と一緒に食べる習慣が今でも残つてゐる傾きがある。

（藤澤桓夫「きつねうどん」）

大阪人にとって、きつねうどんは「お菜」、すなわち「御飯と一緒に食べる」ものなのであった。

大津市出身の小説家・花登筐《はなとこばこ》（一九二八―八三）もまた、次のように記す。

〈うどん屋〉のうどんのうまさは汁のうまさであるが、関西のうどんの汁はうす口醬油のせいで色がうすく、特に京都では醬油なんか使っていないのではないかと思われるくらいのうすさで訪れた旅人を驚かせる。いやもっと驚かせるのはそのうどんをお菜にしてめしを喰べる我々関西の人間を見てである。

ところが、私達は子供の頃から〈うどん屋〉のうどんとはめしのお菜だと思いこんでいたのである。

母が忙しくて食事の支度が出来なかった時、〈うどん屋〉から出前をしてもらったうどんがお菜であったし、しかもそれもすうどんときめられていた。そして、そのすうどんにはまったくの素で何も入っていなかったのに、玉子とか天ぷらとかが入るよりはるかにお菜になり、京都での学生時代はもっぱらめしとそのすうどんが昼食であったが、大阪へ行くときつねうどんがめしのお菜になった。大阪のうどんの汁は京都よりやや濃くて、何故かきつねの方がめしと合う。

（花登筐「うどん　めしのお菜」）

「大阪でめしのお菜にするのを見た東京人の十人が十人共怪訝《けげん》そうな顔をする」のを見てとった花登は、東京の麺は飯の代用なのだろうと推察するが、「めしのお菜」にする大阪・京都において、両者で「きつね」と「すうどん」というちがいのあるところもまた面白い。

とはいえ宇佐美は、

その頃出前はすうどんがほとんど。すうどんが七できつねうどんが三ぐらいの割合でした。今はすうどんなんか一日にひとつ出たらええほうでんな。けど明治・大正時代の船場では、かやくうどんは「ぜいたくや！」というてほとんど食べへんかったんですわ。

と回想しており、商都大阪の心臓ともいうべき船場でもまた、「すうどん」を食するのが一般的であったようだ。「ぼんさん（丁稚のこと）はすうどん」、そして「番頭はんになるときつねうどんが食べられ」たのである。

ちなみに、「素《す》うどん」も大阪ことばのようで、「かやくを入れない素のうどん。葱《ねぎ》を細かく輪切りにしたものを振りかけて食べる。これに薄揚《うすあげ》を入れると、キツネ（信太）となる」と説明される（牧村史陽編『大阪方言事典』）。「かやく」について補足すると、一般には麺類の薬味ないし香味を指すものの、こと上方では麺類にくわえたり、ご飯類に混ぜ込む諸種の「具」を意味している。京都食堂では、「かやくごはん」（炊き込みご飯）と麺類を組み合わせたセットメニゥも定番である。現在、「かやく」は市販の即席ラーメンにはつきものであるが、『大阪方言事典』にも採録されていたくらいであるから、もとは上方特有の言葉であったらしい。

なお、店のメニゥに「すうどん」はなく（例外もある）、たんに「うどん」と記されていることが多い。

「大阪にそんなもんはない！」

35年前、生まれて初めて1人で立ち食いそば屋に入った。天王寺駅の構内で、たしか銭湯の番台のように入り口に店員が座っており、注文すると渡されるプラスチックの札をカウンターに持っていくスタイルではなかったか。

そこで、私はよりによって「きつねそば」と言ってしまい、店員に一喝されたのだ。

「大阪にそんなもんはない！」

とっさのことに意味がわからずとまどっていると「にいちゃんきつねゆうたらうどんや、そばやったらたぬき」と早口で説明され、小学5年生の私には店員の言葉が何かの呪文のように響いた。考えてみれば大阪人はきつねとたぬきの違いをいつどのような形で認識するのだろう。学校で教わった記憶もないし……。

（平民金子「ほろほろ天ぷらうどんになって」）


小学校高学年の児童に対して発せられた「大阪にそんなもんはない！」の一声。一人前の客として認めるゆえのことでもあるだろう――まさに社会教育。これは、大阪出身の文筆家（写真家）である平民金子《へいみんかねこ》（一九七五―）のほろ苦い記憶である。

ここで再び『大阪方言事典』を引くならば、「タヌキ【狸】②きつねうどん（シノダ）のうどんのかはりにそば台としたもの」とある。「きつね」なら「うどん」、「そば」なら「たぬき」という店員の説明に示されるように、「きつね／たぬき」のちがいは、いわゆる「台」にある。「台」とは、文字通り物をのせるという意味で、「鳥なんばうどん」を例にとるならば、「うどん」が台ということになる。また、台の上におかれる具（この場合は「鳥なんば」＝鶏肉＋九条ねぎ）は、「上《うわ》おき」と称される。

藤澤桓夫らは「きつねうどん」とわざわざ「うどん」を付けて称するものの、大阪大阪では「きつねうどん」ないし「たぬきそば」などと呼ぶ必要はなく、ことば事典の項目どおりに、店では「きつね」の一言だけで注文が通ったはずだ。

「うどんですか、そばですか？」

ところで、先に引いた小林カツ代の比較麵類学的な語りには、興味ぶかいエピソードがつづく。

……〔略〕…ちょっと話は飛びますが、関東のうどんとそばの店で驚いたんが、「たぬきください」言うたら「うどんですか、そばですか？」と聞かれたことでした。

たぬき言うたら、そばに決まってますやん、と言いたいところをぐっと抑えて
「そばでお願いします」
で、「たぬき」が出てきて、それが、びっくり！　そばの上に天かすがいっぱい。たぬき言うたらお揚げさんがのっているそばとちがいますのん？
関西ではたぬきとは、きつねうどんと同じくお揚げさんがのってるそばのことです。

（小林カツ代『小林カツ代の「おいしい大阪」』）

いくらか脱線するが、類似する語りがあるのでもうひとつ引用しておこう。

客がきて、近所のそばやに種物を註文する場合、この頃よく、そばですかうどんですかと訊ねられる。これが変に腹が立つ、天婦羅《てんぷら》うどんなど註文するわけがないからである。

（安藤鶴夫『おやじの女』）

これは、小説家の安藤鶴夫《あんどうつるお》（一九〇八―一九六九）の語りである。東京（出身）の者からみれば、天ぷらなどを種物とする際の台は必ず「そば」なのであって、「うどん

など註文するわけがない」となる。

本題にもどると、関東／関西では「たぬき」概念を大きく異にするわけだ。喜劇役者の古川《ふるかわ》ロッパ（一九〇三―六一）は、辺鄙《へんぴ》な撮影所に長逗留させられた際、近傍には「そば屋」しかなく、蕎麦が苦手な彼は毎日種類を変えてはうどんを注文していた。

さて、うどんの話であるが、撮影所の近くにある、そば屋へ、毎日註文するとなると、さて、何うどんにしようかと、迷ふ。おかめ、卵とぢ、鴨南蛮、鍋焼――と、昔風なのから、カレーうどん、きつねうどん（油揚げの入った奴。無論関西から来たもの。）或ひは又、たぬきといふのもある。これは、何かと思ったら（昔は、あんかけを、たぬきと称してゐたやうだが）揚げカスを、載つけた奴であった。それなら、つひ先頃まで、ハイカラうどんと称してゐた筈《はず》である。

（古川緑波「ロッパ食談」〔二十一〕）

「きつねうどん」にわざわざ「（油揚げの入った奴。無論関西から来たもの。）」と付記しているところをみると、一九五〇年代の関東では必ずしもメジャーではなかったのだろう。くわえて、たぬきに関しては「つひ先頃まで、ハイカラうどんと称してゐた筈」と指摘する。

興味ぶかいことに、『大阪方言事典』の「タヌキ【狸】②」にも、先ほど引用した一文を継いで、「これを東京風にタヌキと発音するところから見ると、さう古い用語ではないやうである」と指摘されている。「タヌキ」には編者である牧村史陽独自の符号が付されており、「タ」にアクセントをおいて「ヌキ」とさがる発音が示された。そばを台とする「たぬき」とその呼称がいつ誕生したかは詳《つまび》らかでないが、「きつね」には遅れるであろうし、東西のちがいも明確であった。

ついでながら、『大阪方言事典』には採録されていないものの、同事典をベースに編み直された『大阪ことば事典』では、「ハイカラ　素うどんに天かすの入ったもの」とあり、宇佐美辰一もまた「「はいから」ということばが流行しだした昭和のはじめに生まれたおうどんで…〔略〕…エビ天の代わりに天カスを入れたものです」と説明する。「エビ天の代わりに天カスを入れた」という指摘は重要だ。えび天のタネを抜く、といっているのだから。

たぬきは一枚上手

「たぬき」に関しては、東京出身で京都に長く住まった寺尾《てらお》宏二《こうじ》（一九〇三—九五、経済史学者）の説が面白い。

…（略）…東西同じよび名でちがっているものもある。たとえば「たぬき」である。台が「そば」であれ「うどん」であれ、「きつね」（西では「けつね」かも知れない）は、とにかく油揚に葱が「ぐ」になっているのは、東西同じである。ところが「たぬき」はちがう。

…（略）…関東の「たぬき」は、「たねぬき」の意味で、天ぷらの実《み》、本体のない、つまり天ぷらのぬけがら、天ぷらのかす玉、あげ玉だけを、台の「そば」、「うどん」の上にばらまいたものである。（寺尾宏二「東西くらべ」）

なるほど、タネを抜いて「かやく」にすることから「たぬき」と呼ばれるというわけだ。

だが、「た（ね）ぬき」にばかり目を奪われていると、重要な点を見落としてしまいかねない。「台が「そば」であれ「うどん」であれ、「きつね」は…〔略〕…東西同じ」、ではなかったはずだ。もういちど繰り返すならば、大阪の「きつね」はうどんを台とするのに対して、東京の「きつね」は台をそばに替えることもできる。また小林カツ代が述べるように、「関西ではたぬきとは、きつねうどんと同じくお揚げさんがのってるそばのこと」なのであって、東京のようにうどんに代えることはできない。

じつのところ、京都もまた東京と同様、「きつね」の台を替えることができる。うどんを台にしても、そばを台にしても、「きつね」は「きつね」なのだ。つまり、「きつね」を「東西同じ」であるとする寺尾は、京都を念頭に東京と比較しているわけで、大阪で台の変更がきかないことを認識していなかったことになる。

では、「たぬき」についてはどうであろうか。

関西のそれは、「きつね」より人をばかす一枚上の役者としての「たぬき」であった。つまり「きつね」の上に、狸色の「あんかけ」がしてある。

一枚上手のなるほど正真正銘の「たぬき」なのである。京都在住二十六年で東京帰住当座は、どうもばかされたような東京の「たぬき」だったのである。

（寺尾宏二「東西くらべ」）

もう、すでに明らかであろう。「たぬき言うたらお揚げさんがのってるそば」と説明する小林カツ代も、「「きつね」の上に、狸色の「あんかけ」がしてある」とする寺尾宏二も、両者ともに「関西」の「たぬき」として括《くく》るのだけれども、それぞれの頭のなかにある「たぬき」像は、ご覧のとおりまったくちがっていたのである。

京都の「たぬき」とは、「きつね」（＝お揚げ）ののった「あんかけ」なのであり、しかもそばかうどんか台を問わない。すると、関東と関西どころか、同じ呼び名でありながら京都と大阪でも内実を異にするわけだ。

京都の文化にも詳しい、「船場の「ぼん」」こと、演劇評論家・山田《やまだ》庄一《しょういち》（一九二五―）にまとめていただこう。

さて、「キツネ」は大体どこも同じだが、「タヌキ」は大阪と京都でも異なる。大阪で「タヌキ」といえば「キツネそば」のこと。ところが京都では「キツネそば」は「キツネそば」で、「タヌキ」は「キツネ」のあんかけのこと。だから蕎麦と饂飩《うどん》がある。東京では、ご承知のとおり、揚げ玉（天カス）が入っているのが「タヌキ」。これは種抜きの洒落《しやれ》だと思う。文字どおり、所変われば品変わる、である。大阪では「ハイカラ」といった。（山田庄一『京なにわ 暮らし歳時記』）

ここまでみてきたとおり、大阪に「キツネそば」はない――「大阪にそんなもんはない！」。けれども、京都には「キツネそば」がある。

そして、京都のタヌキとは「「キツネ」のあんかけ」なのであった。

3 「きつね」は化ける

(仮想)小林カツ代の驚き

さて、山田庄一は「「キツネ」は大体どこも同じ」というのだが、京都の食堂で「きつね」を注文すると、あることに気づかされる。台を替えることができるため、それが「たぬき」の場合でも、「うどんにしましょうか、そばにしましょうか」と必ず店員に聞き返される。かりに小林カツ代が京都の食堂で、「きつね」をたのんでいたならば、こんな風になるだろうか。

ところで、ちょっと話は飛びますが、京都のうどんの店で驚いたんが、「きつねください」言うたら「うどんですか、そばですか?」と聞かれたことでした。

きつね言うたら、うどんに決まってますやん、と言いたいところをぐっと抑えて「うどんでお願いします」で、「きつね」が出てきて、それが、びっくり！　うどんの上に刻まれたお揚げさんがいっぱい（本書カバーイラストを参照）。きつね言うたら甘く煮《た》いた大きなお揚げさんがのってるのとちがいますのん（図4）。これは大阪で「きざみ」と言います。

図4　大阪の「きつね」

関西ないし上方にあっても、「所変われば品変わる」のだ。

ここでもう一度、船場の「ぼん」の解説を引こう。

……〔略〕……「キツネ」といえば、一般に甘辛く味の付いた油揚げが入った饂飩のことだが、大阪にはもう一つ、味の付いていない油揚げを細切りにして入れた「キツネ」がある。そのため、普通の「キツネ」のことをわざわざ「甘キ」と言う人もあり、細切りの場合はただ「刻み」ということが多い。（山田庄一『京なにわ暮らし歳時記』）

京都の「きつね」とは、大阪で「きざみ」と称される、あぶら揚げを短冊状に刻んで出汁をとおした、うどん（そば）にほかならない。店によっては「甘きつね（甘ぎつね）」や「甘あげ」として、大阪流の「きつね」を供しているものの、あっさりとした「きざみ」のほうがはるかに多い。「きつね」もまた、大阪と京都とではちがいがあることになる。

謎の狐蕎麦

京都の「きつね」は「きざみ」がスタンダードであることを考えると、偶然目にした「京都の狐蕎麦」と題する昭和八（一九三三）年の雑誌記事は、じつに興味ぶかいものとなる。著者の代田重雄（詳細不明）は、「狐蕎麦なんて、頗《すこぶ》るあやしい、何か化けて出さうな蕎麦の名であるが、とにかく舌の上に出て来てどんな化け方をするか、これから少しばかり、食道楽の上で御案内申し上げやう」と前口上をしつつ、京都の「名物として忘れることの出来ない…〔略〕…狐蕎麦」を、次のように紹介した。

先づ原料はうどんに油揚に葱である。…〔略〕…本来はうどんが台であるから狐うどんといふのであらうと思ふが。狐蕎麦と云つて通つてゐる。…〔略〕…狐蕎麦は油揚を短冊形に切つて、それに厚切の葱が添へてある。…〔略〕…京都の盛り場四条京極の裏通りにも蕎麦屋は沢山にある。相当にうまい狐蕎麦を食べさせて呉れる〔。〕しかし狐蕎麦として私にいちばん上等な味をみせて呉れたのは五条通りに曲る耳塚《みみづか》の角の「松山」といふ蕎麦屋である〔。〕

（代田重雄「京都の狐蕎麦」）

「うどんに油揚に葱」なのだから、「きつね（うどん）」と言ってよい。だが、なぜか当時の京都では「きつねそば」と呼ばれていた——現在の店舗［まつ山］のメニゥは「きつねうどん」である。

ここで、「なぜ」という問いに答えることはできないものの、彼が実際にはうどんであるところの「狐蕎麦」を供する店を、一貫して「蕎麦屋」と呼んでいることには注目しておいてよい。

すでに引用した花登筐は、「うどんを喰べさせる店を〈うどん屋〉と称するのは関西で、東京を中心とする東は〈そば屋〉と呼ばれるからこれ又不思議である」とし、同じく藤澤桓夫も「東京の町にそば屋が多いやうに、大阪の町にはうどん屋が多い」と述べている。こうしたなかで、時代が戦前にさかのぼるとはいえ、代田は京都名物たる「狐蕎麦」（くどいようだが実際には「きつねうどん」）を供する店を「蕎麦屋」と称しているのだ。

彼が「京都の盛り場四条京極の裏通りにも蕎麦屋は沢山にある」というように、明治初年に開通して盛り場へと発展する《新京極》とその周辺には、たしかに麵類を供する飲食店も進出していた。現在も営業をつづける、「更科《さらしな》」や「田毎《たごと》」などである。どちらも月見の名所、そして上質な蕎麦の産地として知られる、信州は更級に由来する名称にほかならない。

このように、京都でいちはやく根をおろした外食産業は、「うどん屋」ではなく、「そば屋」であったようなのだ。船場の「ぼん」は、ずばり「東は蕎麦、西は饂飩と思われがちだが、饂飩が主なのは大阪だけで、京都はむしろ蕎麦屋が多い」と指摘する。山田が例にあげるのは、［河道屋《かわみちや》］・［尾張屋］・［大黒］の三店で、ほかに「にしん蕎麦」の［松葉家］や昭和戦前期に《先斗町《ぽんとちょう》》で創業した［有喜屋《うきや》］など、たしかに京都では蕎麦屋のほうが著名である。

表2　三都の「きつね」と「たぬき」

	きつね	たぬき
東京	油揚げ そば／うどん	天かす そば／うどん
大阪	油揚げ うどん	油揚げ そば
京都	きざみ うどん／そば	きざみのあんかけ うどん／そば

だが、たとえ名の知られた蕎麦屋が多くとも、「きつねうどん」を「きつねそば」と称した理由にはならない。この点は謎のままであるのだが、もうひとつ代田の記事で見逃すことができないのは、「狐蕎麦は油揚を短冊形に切つて、それに厚切の葱が添へてある」という一文である。つまり、京都の「きつね」は、「狐蕎麦」という名称はともかく、遅くとも昭和初期には「きざみ」であったわけだ。

すると、「一枚上手のなるほど正真正銘の「たぬき」なの」だと言わずとも、もう少し素直な解釈ができるのではないだろうか。船場の「ぽん」は、「ところが京都では「キツネそば」は「キツネそば」で、「タヌキ」は「キツネ」のあんかけのこと」というのだが、こう書いてしまうと、まるで大阪のきつねをそのまま「あんかけ」にしただけのように思われる。甘く煮《た》いた大きな揚げののったあんかけうどん……。味は「まったり」を通り越してしまうであろうし、熱々の餡のからんだ大きな揚げとなると、うどんと一緒に食べるのは一苦労《ひとくろう》だろう。

その点、京都の「きつね」ならいともたやすく化ける。刻まれている、あっさりとしたお揚げさんを、出汁が餡となってやさしくつつみこむだけなのだから（前頁表2）。

いかにも京都的な化け方をした「きつね」、それが「たぬき」ということになるだろう。

4　油揚げの魅力

油の臭み

筆者らが馴染んでいる北野天満宮下之森《しものもり》の中華料理店［誠養軒］のあるじに、大阪と京都の「きつね」のちがい、つまり「甘きつね」と「きざみ」の使い分けについて尋ねたことがある。《上七軒》での宴会から流れての二次会、熱燗を数本あけて、ほろ酔い気分の時分であった。すると店主は、「大阪の揚げはまずいから甘辛く煮《た》くしかないんや、京都は美味しいからその必要はない」とまあ、にべもなく言うのだった。

たしかに、京あげはうまいのだが……。

……〔略〕……大阪人が好きで、そして自慢もする全く家常茶飯《かじょうさはん》に喰い込んでいるきつねうどんである。うどんの上に、うす揚げ豆腐の煮込んだのがのせてあるだけの、何の変哲もないきつねうどん。上方ではどこにでもある。

（大久保恒次『上方たべもの散歩』）

「上方ではどこにでもある」、そして「何の変哲もないきつね」も、なぜか京都では「きざみ」に化ける——台を蕎麦に替えることもたやすい。先ほど引用した紹介文は、食通評論家として知られた大久保恒次《おおくぼつねじ》（一八九七—一九八三）によるものであるのだが、いかにも彼らしい蘊蓄《うんちく》がこのあとにつづく。

ただし、此《こ》の油あげどもは、多くは魚油で揚げたものと御承知ありたい。その魚油も近ごろはだんだん良くなって、いささかの匂いもせぬようにはなったが、ひと頃はいかにも魚の匂いがしたものだ。しかし鯨は上方ではよく馴染んだ食べ物ゆえ、異臭どころか、魅力となったくらいで、此の頃のきつねうどんは、少し味がうすくなったのではないか？ と言う人さえあるくらいゆえ、関西へ来られたら大いに食べてもらいたいものだ。

関西へ来たなら鯨油《げいゆ》で揚げた「油あげ」の「きつねうどん」を喰うべし——これは重要な指摘である。鯨油風味のお揚げさんを魅力とするむきがあるとはいえ、一般受けするためには臭みを消すべくしっかりと油を抜いて、丁寧に甘辛く煮き《た》上げる必要があるだろう。「鯨は上方ではよく馴染んだ食べ物」であると、ここでもまた一括《ひとくく》りにされているのだが、京都は鯨油文化の圏外にある。京都の「お揚げさん」は、上質な菜種油《なたねあぶら》で揚げられていたのではあるまいか。

松葉家主人の宇佐美辰一は、

昔は町内に豆腐屋さんがおまして、ええおあげさんが手に入りました。しかし今は、京都の錦市場の「近喜《きんき》」と、丸太町の「入山《いりやま》」と、寺町の「松葉屋」から仕入れております。

（宇佐美辰一『きつねうどん口伝』）

と述べている。近喜の店頭で販売されている「京あげ」は、菜種油で揚げられており、油抜きの必要がない。

臭みのない油揚げこそが、京都に「きつね」（きざみ）を普及させたと考えることもできるだろう。そこから「たぬき」（きざみのあんかけ）も派生してくるのだ。

惑いの〈麵〉問答

日本の食文化史をさまざまに論じてきた文化人類学者の石毛直道《いしげなおみち》（一九三七―）は、「キツネとタヌキは人を化かす動物の代表であるが、麵類に名がついたときも、人を惑わせる」と述べたことがある（「キツネとタヌキ」）――たしかに。

小林カツ代や平民金子の驚きないし戸惑いに示されるように、大阪の「きつね」はうどんに限定される一方、東京と京都ではそばでもかまわない。上おきの油揚げは、京都では「きざみ」が主流となる。

「きつね」以上に「人を惑わせる」のが、「たぬき」であった。東京では、そばかうどんか台を問わず、天かす（揚げ玉）が上おきとなる。古川ロッパは昭和二十九（一九五四）年に「つひ先頃まで、ハイカラうどんと称してゐた」と述べているので（本書三八頁参照）、東京では昭和三十年代以降に「たぬき」として定着したのだろう。はたして、それは天ぷらの種（海老など）を抜いた「たねぬき」に由来するのかどうか……。

大阪の「たぬき」は「きつね」をそば台に替えるだけなのだが、東京とのちがいに輪をかけてややこしくしているのが、京都の「たぬき」である。刻んだ油揚げをのせる「きつね」をあんかけ仕立てにしたのが京都流「たぬき」であり、台替えも自由だ。「関西」ないし「上方」の一語で括ることのできない食文化の地域分化を、丼のなかの「きつね」と「たぬき」とが見事に体現しているのだった。

第2章　〈しっぽく〉の美学

1 京都のうどんには○○がのっています

華麗なる上おき

京都へ行って、うどんが食べたくなると、そこにある店へ安心して飛び込むが、祇園社の石段の傍にある〔初音〕は、私の行きつけの店だ。

（池波正太郎『むかしの味』）

そう、池波正太郎のいうように、うどんはどの店（食堂）で食べても本当においしい。池波が「行きつけ」にしていたのは、地元で《石段下》と通称される、八坂神社の西楼門近傍に位置する〔初音〕であった。古い住宅地図をみると、楼門の石段下から東大路を少し南に下がった東側の二軒目に「食堂 初音」の文字をみてとることができる。他の地図類とあわせて判断するに、比較的大きな町家のようで、池波自身は「店の内部も、余裕《ゆとり》のあった時代そのままだ」と述べていた。

このエッセーを収録する文庫のグラビアには、「〔初音〕の饂飩」と題した一枚の写真が掲載されている。真ん中にしいたけ、表面の茶色いかまぼこ、やや大きめの四角い海苔、その海苔のうえにはほうれん草がおかれ、あとは板麩《いたふ》とかまぼこがもう一枚あるようだ。池波は「初音のうどん」とだけ記すのだが、これら具材の上おきされた麵類を、京都では台（うどん／そば）を問わず「しっぽく」と呼んでいる。

「しっぽくうどん」を愛してやまない。京都のうどん屋さんには大抵ある、具だくさんのうどんである。具はしいたけ、薄焼き卵、かまぼこ、麩、三つ葉などの青もの、海苔などが定番。

（姜尚美『京都の中華』）

最初の一文のなんとストレートな表現であることよ。「京都のうどん屋さんには大抵ある」し、否、ないところはない。そして、たしかに「具だくさん」なのだ。とある店の一杯を例にとり、まるい丼の手前から時計回りにみてみよう（図5）。

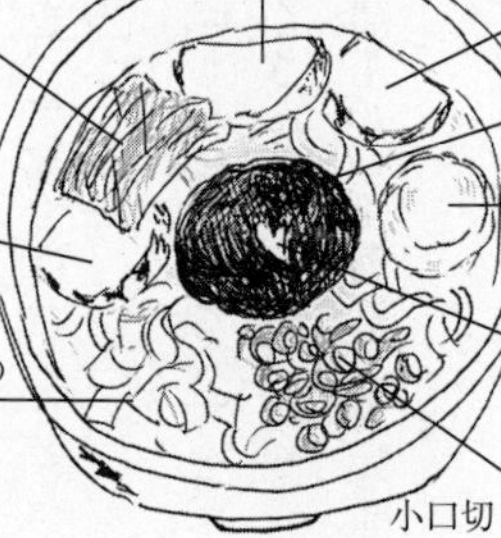

図5　しっぽくの上おき

まずは小口切りにされた九条ねぎ、小さめの湯葉、そして焼き目を模した茶色いかまぼこ、そのうえにはほうれん草がちんまりとおかれている。そこに重ねるようにピンク色のかまぼこ、そして再び茶色のかまぼことつづく。かまぼこ同士がほんのわずかながらに重なりあうところなど、無意識の作法であっても、つくり手の美学が感じられる。

その横には出汁をたっぷりと吸ったまるくて大きな麩がひとつ、どんぶりの中央には煮《た》かれた大きめのしいたけ、そのしいたけのうえにひとかけの柚子皮がちょこんとのせられていた。柚子皮をしいたけとともに食べることなく箸の先でついっとついて出汁に泳がせると、鼻腔《びこう》に軽い刺激をふくんださわやかな香りがとどいて食欲をそそる（これは、熊野神社前の［ときわ］で食しながらメモしたものです）。

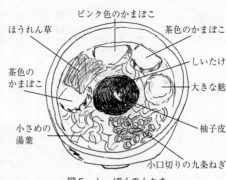

〈しっぽく〉の上おきを音楽にたとえるなら、濃淡ある茶系（麩・かまぼこ・煮《た》いたしいたけ）、ピンク（かまぼこ）、緑（ほうれん草・ねぎ・三つ葉）、そして黄（うす焼き玉子・湯葉）の色々がおりなす麺上のシンフォニーとでもいえようか。この華麗なる上おきに、京都食文化論の傑作『京都の中華』の著者は魅了されているにちがいない。

薄くて小さい○○

もうずいぶんと前のことになるが、メンバーのひとりが、店内に電車の写真が展示され、ジオラマを模型電車の走る名物食堂［相生］（千本出水下ル）で遅い昼食に「しっぽく」を食した際、奇妙な食感を覚えた。

かまぼこにしいたけなどをつまみつつ、ビールをぐびっと呑んでから口に放り込んだのは、うすっぺらい円形状の具であった。もちもちとした弾力があり、カップ麺などに入っている薄い餅のように思われた。板麩も薄いが、まるで食感がちがう。勘定をする際に店員さんに聞くと、さも当然そうに、それが「○○」であることを教えてくれた。なんと、京都食堂の「しっぽく」には、「○○」までのっている。

じつのところは、上おきとして「○○」が一般的というわけではない。京都の市街地に「お食事処」として複数の店舗を展開する「相生餅」系の食堂で、しっぽく系の麺類にもちいられる具のひとつなのだ。ほかに中立売大宮西入ルの「ときわ」や大宮寺之内下ルの「力餅食堂」でもみられた。

「○○」の答え、それは「煎餅《せんべい》」である。まるくて小さな海老煎が出汁をたっぷりとすって、超薄切りの餅のような食感となるのだ。あっぱれ、しっぽく。

2　卓袱から〈志津ぽく〉へ

《下河原》の卓袱料理

京都食堂で定番メニゥの「しっぽく」は、その音韻から想像されるように、長崎の卓袱料理に由来する、というのが通説のようだ。「卓袱」を唐音で読むと「しっぽく」となるらしい。料理そのものは今や似ても似つかぬ形状なのだが、その典拠となっているのは喜多村筠庭《きたむらいんてい》（一七八三―一八五六）の『嬉遊笑覧』という文献である。

『おこたり草』に云〔、〕京師祇園の下河原に佐野や嘉兵衛《ママ》といふもの享保年中長崎より上京して初て大椀十二の食卓《しっぽく》をし弘めける〔。〕是京師難波にて食卓の始とかや〔。〕嘉兵衛が娘はんといふ老婆近ごろ迄存命せり〔。〕大坂にて彼是食卓料理あまた弘めたれど野堂《ノド》町の貴得斎《きとくさい》ほど久しくつゞきたるはなし〔。〕江戸にも処々にありしなるべけれど行はれず〔、〕浮世小路の百川茂左衛門なども初め食卓料理したるなり〔。〕大椀は大平なるべし〔。〕故にそば初《ママ》〔切〕を大平にもり上おきしたるをしつぽくと呼〔。〕今は大平にもらねどもしかいふは上おきの名となりしやうなり〔。〕又葱を入るゝを南蛮と云ひ〔、〕鴨を加へてかもなんばんと呼ぶ〔。〕昔より異風なるものを南蛮と云によれり〔。〕これ又しつぽくの変じたるなり〔。〕

たしかに、『嗚呼矣草』（おこたり草）には「扨《さて》畿内に流布すること、京師祇園の下河原に、佐野屋嘉兵衛と云もの、享保年中に長崎より上京して、初て大椀十二の食卓を料理し弘めける。これ京師、浪花にての食卓料理店の初とかや。」とある。

歴史学や文化史の評価はいざ知らず、『嗚呼矣草』の一節を引いた『嬉遊笑覧』の説明には、いくつかの興味ぶかい指摘がふくまれている。まず重要なのは、京都・大阪における「食卓《しっぽく》」のはじまりが、祇園社（現・八坂神社）の鳥居前《下河原》にあったという点だ。

そこにいかなる縁があったのかはさだかでない。佐野屋嘉兵衛なる者が享保年間（一七一六―一七三六）に長崎から上京して、《下河原》の地を選んで店を開き、「初めて大椀十二の食卓」料理をはじめたというのだ。

京都に遊学していた本居宣長の日記をみると、宝暦四年十二月七日のこととして、たしかに「下河原佐野屋」に参会したとある。はたして彼は、そこで長崎名物「卓袱《しっぽく》料理」を口にしたのであろうか。

料理における長崎と京都の結びつきは思いのほか深く、さまざまなエピソードが残されているけれども、ここでは佐野屋の後日譚のみを紹介しておきたい。

…〔略〕…京都祇園下河原のはちゃんと今も食卓《しっぽく》をやっている。祇園の鳥居のすぐそばなので、屋号を鳥居本《とりいもと》といい、卓袱料理だけでなく、一時は祇園随一の料理ともてはやされた。むかし周作人を祇園の磯田多佳《いそだたか》の家へ迎えて、谷崎潤一郎さん吉川幸次郎さんがもてなされた時の料理はこの鳥居本で、思えば古い中国とつながった食卓であった。

京都に根をおろした卓袱料理を、ここでは祇園料理とよんでいる。中ほどやめていたのを復活したので、ほとんど中国菜らしくない。ひき出しつきの箱膳のような小さな食卓を、各人の前へ一つずつ据えて給仕するのは思いつきである。

（大久保恒次『上方たべもの散歩』）

そう、いまは祇園町南側の歌舞練場を目の前にした「鳥居本」こそ、佐野屋の卓袱をいまに受け継ぐ料理屋なのだ。この「祇園料理」が一般に知られているわけではなかろうが、京阪の地において「卓袱」はおおいに独り歩きし、別の姿をまとった料理（麵のかやく）として、あるいはその呼称として定着したのである。

「京坂の温飩屋」と「江戸の蕎麦屋」

『嬉遊笑覧』には、卓袱のひろまった大阪に関して、麺類への直接的なつながりについては示されていないものの、江戸後期の文化百科事典ともいうべき『守貞謾稿』には「志津ぽ久」が登場する。その「巻之五」をみると、「今世、京坂〔京阪〕の温飩《うどん》屋、繁昌の地にて大略四、五町あるひは五、七町に一戸なるべし。所により十余町一戸に当たるもあり。」とし、軒に吊り下げる看板代わりの行燈の絵図にくわえて、店の壁に貼られた品書きの絵図も掲載されている。

その文字をひろってみると、

覚

一 うどん　代十六文

一 そば　代十六文

一 志津ぽ久　代廿四文《にじゆうよん》

一　あんぺい　代廿四文
一　けいらん　代廿二《さんじゆうに》文
一　小田巻　代廿六文

という並びとなる。うどんとそばに次いで掲げられているのが「しっぽく」で、「温飩〔飩〕の上に焼鶏卵・蒲鉾《かまぼこ》・椎茸《しいたけ》・くわひの類を加ふ。」と説明された。そのあとの三品についても引用しておくと、

あん平《ぺい》　右〔しっぽく〕に同じくこれを加ふ。葛醬油をかけるなり。
鶏卵　温飩の卵とじなり。
をだまき　しっぽくと同じき品を加へ、鶏卵を入れ蒸したるなり。

となる。なるほど、「あんぺい」とは「しっぽく」のあんかけというわけだ。現在は別名で呼ばれていることについて、またうどんの「卵とじ」であるという「けいらん」に関しては、本書第3章で取り上げる。

比較のために「江戸の蕎麦屋」のメニゥも引用しておこう。

あられ　ばかと云ふ貝の柱をそばの上に加ふを云ふ。
天ぷら　芝海老の油あげ三、四を加ふ。
花巻　浅草海苔をあぶりて揉み加ふ。
しつぽく　京坂と同じ。
玉子とじ　鶏卵とじなり。
また鴨南蛮と云ふあり。鴨肉と葱を加ふ。冬を専らとす。
また親子南蛮と云ふは、鴨肉を加へし鶏卵とじなり。

現在の東京に「しっぽく」はないだろう。逆に季節ものの高価な「あられ」（バカ貝〔あおやぎ〕の小柱）は京阪では皆無で、花巻もごく一部の蕎麦屋に限られる。江戸では「けいらん」ではなく「玉子とじ」となるようだ。後述するように、「鴨南蛮」も上方とでは呼称を異にしている。なお、あられ・天ぷら・花巻・しっぽく・鴨南蛮の五品をこの説明の通りに再現した写真が『別冊食堂　そばうどん第十号』に掲載されているので、興味のあるむきはご覧いただきたい。

『嬉遊笑覧』の記述にもどると、上方に少し遅れるかたちで江戸でも「しっぽく」が受容される。「そば切」に上おきをした、つまり具材（＝かやく）をのせた蕎麦が「しっぽく」と称されるようになるのだ。著者の喜多村は『おこたり草』に記された「大椀」を「大平」（蓋のついた平たく大きい椀）と推測したうえで、大平を器とするがゆえに「しっぽく」と呼ばれるようになったのだと考えている。その後、大平にもりつけせずとも名称だけは残ったことから、上おきを意味する言葉に転じたわけだ。

『嬉遊笑覧』の「しっぽく」につづくくだりもまた興味ぶかい。すなわち「又葱を入るゝを南蛮と云ひ〔、〕鴨を加へてかもなんばんと呼ぶ」。江戸では「しっぽくそば」につづいて、「鴨南蛮」も誕生していた。先ほど紹介した『守貞謾稿』の京阪の品書きには、みられない品である。その名称について『嬉遊笑覧』では、「昔より異風なるものを南蛮と云によれり」と説明される。さらに、「これ又しつぽくの変じたるなり」（『嬉遊笑覧』）という一文は、鴨南蛮がしっぽくから派生したことをはっきりと示している。

江戸麺界の下剋上

鴨南蛮の登場については、〈食味〉の評論家として知られる多田鐵之助《ただてつのすけ》（一八九六―一九八四）の解釈がいかにも明快である。すなわち、「長崎から京阪を経て江戸に進出した支那料理南蛮料理の第一陣はシッポクで、その第二陣は南蛮であった」（『蕎麦漫筆』）、と。彼の語る江戸の麺事情に耳をかたむけてみよう。

…〔略〕…享保の昔にあっても、やっぱり現今の支那蕎麦と同じく麺状の料理が、食卓の第一線に展開され、それがしかも花形であったかに考えられる。それは入《ママ》角の大盤に細繊した麺条が盛られて、種々の菜肉が上置にされたものであるが、当時の日本にはこの麺条に充つべきものがなく、僅《わず》かに蕎麦が形態だけは酷似しているところから、造作もなく「シッポク」として模擬的に仕立てられたのであるけれども、態《わざ》と大平に盛り上置に蒲鉾だとか、玉子焼だとか、鶏、鴨の肉片や椎茸、湯葉、生麩、蔬菜《そさい》を並べてシッポク面をしたものであったのだ。少なくとも長崎で整卓子〔引用者注：正卓子＝正統な卓袱料理のことか〕を味わった者の眼から見れば、抱腹絶倒に値するものであったろうが、世人は流行を逐《お》うて、その名を買い、その実を問わぬまでも、こんな取合せは格別珍重もしなかったと思われる。
（多田鐵之助『蕎麦漫筆』）

京都・大阪を経由して江戸に持ち込まれた「しっぽく」は、かまぼこ、玉子焼き、鶏肉ないし鴨肉、しいたけ、ゆば、生麩、そして青菜などを「上おき」にした蕎麦台の料理となった。誰も長崎の卓袱料理をみたことなどないなかで、それを「しっぽく」と呼んで食したわけだ。多田はこうつづける――「これを逸早《いちはや》く模倣して売出したのが、人形町の万屋と瀬戸物町の近江屋という二軒の蕎麦屋で、一時は大変珍しいものとして持て囃《はや》されたが、客の方にまで十分シッポク蕎麦との交渉が熟さなかったからして、流行の勢は微々たるものであった」、と。どうやら食味としては江戸っ子の口にあわなかったらしい。

このシッポク蕎麦に対抗して独立していたのが馬喰町《ばくろちょう》の鴨南蛮であった。葱を主材として魚鳥などを合せて煮たものを当時南蛮煮といっていた程で、葱を一寸五分ばかりに切り、縦に割ってこれを油煎《ゆせん》にし、鴨の肉を加えて煮て、シッポク式に蕎麦の上置にしたものが鴨南蛮であった。これは、馬喰町の笹家という屋号の家が元祖だといわれている。

この鴨南蛮の方は確に時の好みに投じていたもので、その後引続いて繁昌していたという。（同前）

江戸でしっぽく蕎麦がひろがりをみせることのないなか、一番手を追い落とすかのように登場してきたのが「鴨南蛮」であった。「シッポク式」の「上置」というからには、天ぷら蕎麦のような芝海老の天ぷらのみをタネとするのではなく、複数の具材を上おきするスタイルこそが「しっぽく」だったのだろう。

してみると、同じ「シッポク式」の種ものであっても、はなやかな具材の共演する「しっぽく」から、鴨肉（合鴨）と葱しか上おきしない、じつにシンプルな「鴨南蛮」へとブームは移行したことになる。上おきの先駆でありながら追い落とされた「しっぽく」に、あろうことか追い討ちをかける——結果としてとどめを刺す——

一品があらわれる。
この鴨南蛮に引換えてシッポク蕎麦は、竹輪《ちくわ》と椎茸と簾麩《すだれふ》と結干瓢《むすびかんぴょう》の四色に局限して孤塁を守っていたが、更にそのシッポク蕎麦に対して、櫛形蒲鉾、島田麩湯《ママ》葉、松茸を種にした於嘉免《おかめ》が擡頭《たいとう》するに至って、シッポクの名は世間からすっかり忘れられてしまった。　（同前）

「しっぽく」から派生したのか、たんなる後継なのかは不明なものの、『嬉遊笑覧』で言及された鴨南蛮は、今も東京の蕎麦屋で必須のひとしなである。そしてもうひとつ、幕末に登場した「おかめ」は、江戸・東京人をして「しっぽく」の名を忘却させるほどのインパクトをもった。

たしかに、いま東京の蕎麦屋に「しっぽく」をみることはない。「おかめ」はある。「鴨南蛮」は、東京の蕎麦屋にかぎらず、大阪・京都の食堂でも定番だ。などと言い切ってしまうと、京阪方面からは不満の声があがるだろうか。有無ではなく呼称をめぐって……。

異風か異称か

『嬉遊笑覧』によると、「葱を入る、を南蛮と云」うのは「昔より異風なるものを南蛮」と呼んでいたからである。つまり、ねぎを具材のひとつにくわえることが「異風」なのであって、ねぎそのものを南蛮と言っているわけではない。江戸・東京と上方とでまったく異なるのは、まさにこの点である。

大阪ではねぎを「なんば」と呼ぶ。末尾に「ん」はつかない。「なんば」を「ねぎの異称」とするのは、「難波《なんば》がその主産地であった故にこの名ができた」からにほかならない（牧村史陽編『大阪方言事典』）。そうであるがゆえに、大阪人の口からは次のような反論が聞かれることになる。

『嬉遊笑覧』巻十、飲食の部に「又葱を入るるを南蛮と云ひ、鴨を加へてかもなんばんと呼ぶ。昔より異風なるものを南蛮と云ふによれり。これ又しっぽくの変じたるなり」と見えるが、これは解釈が間違ってゐて、葱のナンバをナンバンと訛ったところからの誤解であり、ねぎ汁はそんな異風なものではない。

（牧村史陽編『大阪方言事典』）

『嬉遊笑覧』の解釈は誤りであり、大阪で「ねぎ汁」は一般的である、というわけだ。類する語りはほかにもある。

下難波村、現在の大阪球場〔現なんばパーク〕辺りから元町にかけては、評判のよいナンバねぎの産地で、大阪市内では広く戦前までは、ねぎのことを、ナンバと呼んでいたくらいである。ねぎを主菜とした味噌汁をナンバ汁と呼んだ。たとえ、江戸時代の『喜遊笑覧』に異説が載っていようと、カモナンバはカモにネギの麺類のこと。大阪の古い店では、だから、カモナンバンという語は決して使わない。

（中村浩『十方化おおさか史　懐しき大正・昭和一けた』）

新島繁『蕎麦の事典』をひくと、鴨どころか、穴子、親子、天、鳥（かしわ）と、南蛮のつく麺類はじつに多様である。だが、大阪では「カモナンバン」という語は決して使わない」。現在、京都の食堂では、ときおり「～南蛮」をみかけることもあるが、基本は「～なんば」である。

ちなみに、天南蛮を「てんなん」、鴨南蛮を「かもなん」と略すこともあるらしい。京都の食堂で「天なんば」をみることはないが、わざわざ「南蛮」ないし「なんば」などとつけずとも、「天ぷら」（うどん・そば）を注文すれば斜め切りにした九条ねぎが入っている。また「鴨なんば」はどこでもおいているわけではなく、「鳥なんば」はたいていの店にあるので、こころみに「とりなん」と注文してみると、店員さんは「はい、とりなんばひとつ」と略すことなく復唱する。某ハンバーガーチェーンの呼び方ではないが、略称文化にも地理的なちがいがあるようだ。

「おかめ」のような

現在しっぽくは東京に存在しない呼称のためか、類する一品に喩《たと》えて説明されることもしばしばだ。たとえば、『大阪方言事典』には、

シッポク　うどん汁に、蒲鉾・しんじゃう・鶏卵の厚やき・椎茸・葱などを加へたもの。東京でいふおかめそばに似てゐる。卓袱料理、すなはち支那式料理から出た語である。

とある。

ほかにも、

しっぽくという言葉でございますか。

大阪のうどん屋では、うどんの上にかまぼこ、卵の厚焼、椎茸、しんじょうなどを並べたものを申します。…〔略〕…さよ、さよ、ちょうど東京のおかめそばを、うどん台にしたようなものでございますなあ。

もちろん、そのしっぽく料理というもんの中には、いまの中国料理の五目そばみたいなもんもあって、これを上方流にうどんを台にして、あっさりした味にしたんやと、こう思うのでございます。

（吉田三七雄「しっぽく鍋」）

というように、大阪の文化に通ずる者たちの口からは、「おかめそば」に喩える語りが繰り返されてきた。

宇佐美辰一の説明にも耳をかたむけておこう。

関東には「おかめ」と呼ばれる昔ながらのかやくそばがあります。これに対して大阪のかやくうどんは「しっぽく」と呼ばれておりました。本来は「志津ぽく」と書くんです。これは大皿に料理を盛って、小皿で取り分けて食べる宴会料理なんです。

「しっぽく」いうと長崎の名物料理みたいになってますけど、大阪でもくだけた宴会はこのスタイルやったんです。志津ぽくはいろいろ入っていることの例えで、かやくうどんにもこの名がついたんやと思います。

うちでは焼きどおし〔かまぼこの一種〕、根深ネギ、焼きあなご、どんこ椎茸の甘煮、おぼろ昆布、京都錦市場の「ゆば吉」の結びゆば、それから京都の「麩《ふう》嘉《か》」の生麩か東北産の焼き麩、これに柚子を添えております。

（『きつねうどん口伝』）

これは、なかなかに興味ぶかい指摘である。まず、大阪の「しっぽく」はあくまで「かやくうどん」であるとする点、そして大皿料理を小皿に取り分けるという宴会のスタイルが定着していたという点である。佐野屋嘉兵衛によって京都にもたらされた卓袱料理が大阪にも伝播し、宴会料理のスタイルは残しつつ、「かやくうどん」の名称に転じたというわけだ。

じつのところ、現在の大阪の食堂のメニゥにしっぽくが載ることはほとんどない。多くの場合、それは「かやくうどん」と記されている。

3　にゅうめんの正体

玉子焼き幻想

シッポク蕎麦は支那料理から脱胎し、鴨南蛮料理から脱胎したものであるが、於《お》嘉《か》免《め》も鴨南蛮も台からいえば同一系統の兄弟姉妹の続き合いである。今日でも辺鄙の地方ではシッポクと鶏南蛮とが混用され、シッポクは殆《ほと》んど名ばかりでその実を失っているところもある。却って京阪地方には依然シッポクの名目を存して鴨南蛮とは混淆されずに独立している。（多田鐵之助『蕎麦漫筆』）

中国に由来する「卓袱料理」を「脱胎」（換骨奪胎）して、オリジナルの麵料理に仕立て上げられたのが「しっぽく」である。多田鐵之助が述べるように、京都・大阪において「しっぽく」と「鳥なんば」の混同ないし取り違えはみられない。さらに、前者にかぎってみると、その呼称とともに定着して食堂の定番メニュとなっているのは、大阪よりも京都ではないだろうか。

「しっぽく」の華麗なる上おきについては、本章第一節でもふれておいた。ここでは無粋きわまりないことを百も承知のうえで、上おきを取り分けて無味乾燥な数値に変換し、ひとつの表のなかに再配置してみたい。わたしたちが食べ歩いた「しっぽく」の上おきを整理したのが表3である（本書八三頁）。

これによると、しいたけ・かまぼこ・麩が欠くべからざる具材といえそうである。しいたけは煮《た》いたものが、まさに「しっぽく」の要諦といわんばかりに、丸ごと真ん中におかれる。

かまぼこは、表面がピンク色のものか、焼き目を模した茶色のものがもちいられるが、そこには店の隠れた主張があらわれているように思えてならない。というのも、ピンクだけを五枚、あるいは茶だけを五枚ならべる店がある一方で、ピンク二枚に茶一枚、茶二枚にピンク一枚、さらにはピンクと茶二枚ずつに伊達巻を模した一枚などと、うどんを台にまるで「たかがかまぼこ、されどかまぼこ」式の問答が交わされているかのようだ。

麩もまた十店十色、種類も数もさまざまであるが、大小の板麩であることが多い。板状であるとはいえ、なかは空洞であるから、お出汁がしみると開いて輪になることもしばしばだ。多いところでは七つも入っていたりする。花麩《はなふ》や小さな球形の麩もみられるし、板麩と花麩をくみあわせている店もある。かまぼこ数枚に板麩、相生餅系なら薄い円形の煎餅《せんべい》、そして湯葉までおかれることもあるから、どうやら「しっぽく」には平たいものが好まれるらしい。

青物はねぎかほうれん草が多く、三つ葉や水菜にかえることもある。海苔は入る店と入らない店とがあり、刻み海苔もみられた。すべての店ではないけれども、ひとかけ入った柚子皮が香りのアクセントとなって食欲をそそる。

さて最後に玉子焼きである。少ないながらも、ここまで引用してきた語りにはきまって登場するものの、現在の京都ではさほど一般的でない。入る場合には、小さな三角形か四角形の薄焼きが主流で、なかには錦糸玉子の店もある（「山の家《や》」）。「おかめ」のような厚焼き玉子は一部の蕎麦屋をのぞくとまずみられない。

表3　しっぽくの具材

店	しいたけ	かまぼこ		麩	ねぎ	ほうれん草	ゆず	海苔	
		ピ	茶						
1	○	○		○	○		○	○	昆布、煎餅（半分）
2	○	3		○	○		○	1	おぼろ昆布、煎餅
3	○		2	○	○		○	刻	
4	○	○				○		○	薄焼き玉子（三角形）
5	○		1	○		○			板麩（輪7）、湯葉（大2）
6	○	5		○	○			○	しいたけ肉厚1/5、板麩（輪5）、花麩1、海苔小1、ゆば小1,
7	半	2		○	○				麩（花3、玉1薄い）、白菜、三つ葉
8	○	3		○			○	刻	油揚げ（きざみ）、三つ葉、
9	○	4		○	○			○	板麩、しいたけ1/4（厚）
10	○		4	○	○			○	板麩、海苔三角形、しょうが
11	○	○		○		○		○	しいたけ：半分にカット、生姜多め
12	○	○		○			○	刻	三つ葉
13	○		5	○				1	板麩3、湯葉
14	○	1	2	○	○	○	○		湯葉
15	○	2	2	○		○			伊達巻風かまぼこ1、なると1、麩（輪・小2）
16	○	2	1	○		○	○	○	薄焼き玉子（三角形）
17	○	3		○	○				花麩、水菜
18	○	2		○	○				
19	○		3	○		○			花麩（黄）、板麩、薄焼き玉子（四角形）
20	○	2		○	○		○	2	しいたけ（大・半分）、きんし玉子

むかしのメニゥ

「しっぽく」を出す店には、「のっぺい」もある。「のっぺい」とは、たんに「しっぽく」のあんかけであるからだ。『守貞謾稿』には「あんぺい」とあったが、いつとはなしに「のっぺい」へと置き換わったのだろうか。「あんぺい」と「のっぺい」の関係性については、第3章であらためて推察することとしよう。

きつねがたぬきに化けるごとく、しっぽくもまた化ける。だが、しっぽくの変化《へんげ》は「のっぺい」だけにとどまらない。

あまり知られていない、あるいは明確に意識されていないように思われるのだが、変化というよりも変態と呼ぶにふさわしい一品が存在する。「かやくとじ」である。これについても、もったいをつけて、第3章へ先送りする。

変化か変態かはともかく、むかしのメニゥをみると面白いことに気づかされる。表4は昭和十五（一九四〇）年九月二十日に京都府が告示したという麵類の値段表である。ありがたいことに、公定価格のみならず具材の規定も付記されている。

表４　麵類の公定価格（昭和15年）　　＊『京麵史』93-94頁より作成。

うどん（もり又はかけ）	52匁以上　8銭
そば（もり又はかけ）	45匁以上　8銭
そうめん・ひやむぎ・氷うどん	70匁以上　15銭
しのだ又はきつね（油揚・葱を入れたもの）	うどん52匁以上　12銭 そば45匁以上　12銭
はなまき（海苔を入れたもの）	うどん52匁以上　12銭 そば45匁以上　12銭
せいろそば又はざるそば（海苔を入れたもの）	うどん65匁以上　15銭 そば55匁以上　15銭
あんかけ（片栗をかけたもの）	うどん52匁以上　12銭 そば45匁以上　12銭
かもなんばん又は鳥なんばん（鳥肉５匁以上、葱を入れたもの）	うどん52匁以上　20銭 そば45匁以上　20銭
しっぽく又はおかめ（かまぼこ、湯葉、海苔、筍、椎茸、野菜その他のうち４種以上入れたもの）	うどん52匁以上　20銭 そば45匁以上　20銭
のっぺい（かまぼこ、湯葉、海苔、筍、椎茸、野菜その他のうち４種以上入れ、片栗をかけたもの）	うどん52匁以上　20銭 そば45匁以上　20銭
なべやきうどん（種物の内容はしっぽく又はおかめに同じ）	うどん52匁以上　20銭 そば45匁以上　20銭
たまごとじ（鶏卵１個、海苔、かまぼこを入れたもの）	うどん52匁以上　20銭 そば45匁以上　20銭
肉カレーなんば（カレー、肉５匁以上、葱を入れたもの）	うどん52匁以上　20銭 そば45匁以上　20銭
天なんばん（海老天ぷらを１個、葱を入れたもの）	うどん52匁以上　20銭 そば45匁以上　20銭
釜揚げうどん	うどん52匁以上　20銭 そば45匁以上　20銭
そばがき	そば粉の量は１合５勺以上とす　20銭
天ぷらうどん又はそば（海老天ぷら２個を入れたもの）	うどん52匁以上　27銭 そば45匁以上　27銭

「うどん」・「そば」に付された「（もり又はかけ）」、あるいは「かもなんばん又は鳥なんばん」、「しっぽく又はおかめ」、「天なんばん」などの表記をみると、いささか東京的な分類のように思えなくもないが、注目すべきは「しっぽく又はおかめ」に上おきされる具材である。「かまぼこ、湯葉、海苔、筍、椎茸、野菜その他のうち四種以上入れたもの」と明確に規定されているのだ。

『守貞謾稿』で「志津ぽ久」は「温飯（飩）の上に焼鶏卵・蒲鉾・椎茸・くわひの類を加ふ」ものとなっており、昭和戦前期のそれは玉子焼き（焼鶏卵）と慈姑（くわひ）が落ちている。また現在とくらべると、麩がないかわりに、たけのこが入る。さらに、『守貞謾稿』で「しっぽくと同じき品を加へ」た一品が「小田巻」であった一方、昭和十五年の京都府で「種物の内容」を「しっぽく」と同じくするのは「なべやきうどん」であった。

高濱虚子は十二月の季語のひとつに「鍋焼」をあげている。

〔鍋焼は〕古くからある極めて幼稚な料理で、鳥肉に芹《せり》・慈姑《くわい》のやうなものを加へて醤油で煮るのである。芹を多く用ゐるので芹焼ともいつた。鍋焼饂飩《うどん》は之《これ》から出たものであらう。深夜街上に屋臺《やたい》を引いて流して行く聲《こえ》が聞かれる。

（『新歳時記　増訂版』）

慈姑の入る「しっぽく」も、そしてねぎの入る「鳥なんば（南蛮）」も「卓袱料理」に由来することを考えると、この「鍋焼」も両者の近縁にあたるのかもしれない。はたして「なべやきうどん」は、虚子の推測するように、「芹焼」から派生してきたのかどうか。

京都食堂で供されている現在の「鍋焼き（うどん）」は、〈しっぽく〉からは遠く離れて、ずいぶんと豪華になっているようだ。その上おきやいかに。

土鍋の真ん中に

表3を改変して、「なべやき」の上おきを整理したのが表5である。「しっぽく」と同じく、しいたけとかまぼこは欠かせない。ねぎかほうれん草、あるいは三つ葉がのるのも同様である。「しっぽく」とちがって、ねぎはざくざくと大きく切られている

表5　なべやきの具材　　＊店の番号は表3の番号に対応する。

店	しいたけ	かまぼこ ピ	かまぼこ 茶	ねぎ	ほうれん草	ゆず	えび天	とり肉	たまご	
2	○	3		○			○	○	○	えのき
3	○		2			○	○	○	○	板麩
5	○		1		○		○		○	
7	○	3		○	○		○	○	○	
8	○	3		○		○	○	○	○	焼き餅半分、みつば、生姜別添え
9	1/4	3		○			○	○	○	
10	○		2	○			○	○	○	鍋底に昆布
11	○	○		○	○		○	○	○	
13	○	2		○			○	○	○	海苔
14	○	1	1		○		○	○	○	麩
20	1/2	2		○			○	○	○	天かす、板麩

ことが多いようだ。

かりに「なべやき」を「しっぽく」の派生形としてみた場合、このあとにあげる具材をのぞくと、大きなちがいがふたつある。ひとつは麩のほとんど入らないこと、そしてもうひとつは配置である。「しっぽく」では真ん中のしいたけが、その座を追われているのだ。店によっては中心におかれるものの、多くはわきに追いやられている。

では、なにが真ん中にくるのか。それは、たまごであったり、えび天であったりする。えび天に寄り添うようにたまごが落とされることもしばしばだ（図６）。立ち食い蕎麦屋の定番、天ぷらに生卵という絶妙なコンビネーションに示されるように、「なべやき」になってもこのふたつの相性は抜群である。えび天にちくわ天や海苔天をくわえる店もある。

そしてもうひとつ、上おきとしては地味な存在にうつる鶏肉も欠くべからざる具材といってよい。上おきと言いつつ、なぜか鍋底に沈んでいるのであるが……。

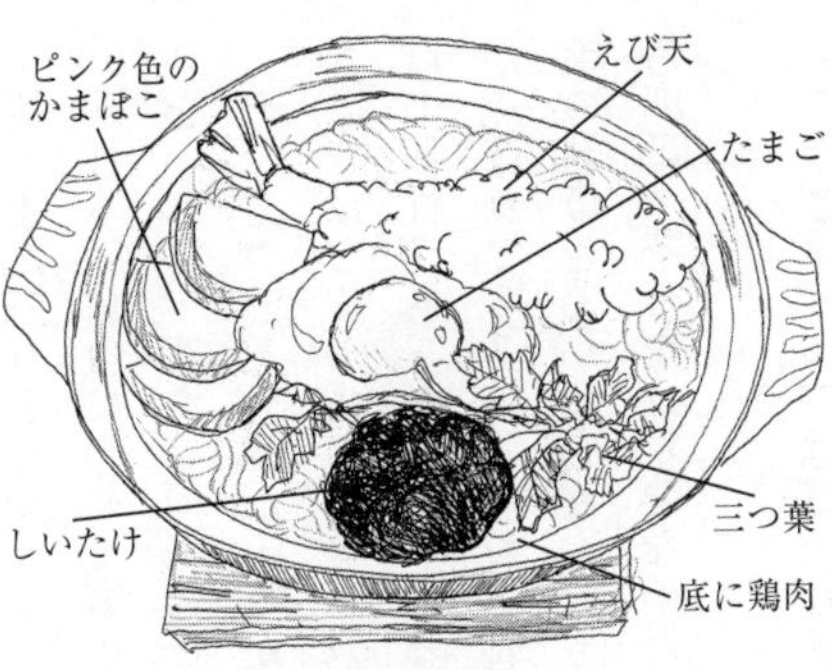

図６　なべやきの上おき

鶏肉とねぎで「鳥なんば」であるが、京都食堂に「天なんば」はなく、えび天ひとつとねぎの上おきで「天ぷら」となる。すると、「鳥なんば」と「天ぷら」の要素をとりあわせた豪華版〈しっぽく〉、それが「なべやき」の現在といえるかもしれない。この豪華さは、「なべやき」が「しっぽく」から派生したものであることを忘却させるには十分な効果をもったにちがいない。

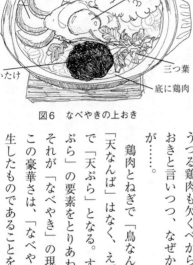

器もまた忘却をうながす。京都食堂の「なべやき」は、きまって小型の土鍋がもちいられる。角盆にのせて客の前に運ばれてくる際には蓋がされており、店員がことわりをいれて、蓋をとって運びさる。

ぐつぐつと煮立った土鍋からたちのぼる湯気。目を凝らしてみるのは、えび天の大きさではなく、生で落とされた卵のほうだ。火のとおり、白身のかたまり具合にも、店の個性があらわれる。ある日、とある餅系食堂で「なべ焼」をたのんだところ、鍋が運ばれてくる前に店員さんが「玉子が崩れてしまって……」と謝り、今度はつくり手のお母さんが鍋を運んできて重ねて詫びたことがあった。土鍋の真ん中に落とされる卵は、それだけ重要なのだろう。

「にゅうめん」は夏の味覚か

「しっぽく」の変化《へんげ》・変態については、このあと第3章と第4章でも取り上げるが、ここでもうひとつだけ、それらとは別様の変化についてふれておきたい。「そうめんを煮て、好みの具を入れためん料理」として、「にゅうめん」がある。煮麺が転訛《てんか》し

表6 「しっぽく」と「にゅうめん」の具材

	大力餅	やっこ
しっぽく	しいたけ（1/4）、かまぼこ（ピンク4）、板麩、ねぎ（小口切り）、海苔	しいたけ、ほうれん草、花麩（黄）、かまぼこ（茶3枚）、板麩、薄焼き玉子（四角）
にゅうめん	しいたけ（1/4）、かまぼこ（ピンク3枚）、板麩、ねぎ（小口切り）、海苔、ゆるく固めたたまご	しいたけ、ほうれん草、花麩（ピンク）、かまぼこ（茶3枚）、板麩、薄焼き玉子（四角）

たものであるといい、入麵と書かれることもあるらしい（岡田哲『たべもの起源事典』）。

『大阪方言事典』を改訂した『大阪ことば事典』では、

　ニユウメン【煮麵】　また、入麵・乳麵とも書く。そうめんを、塩・薄口醬油で味付けしたダシで軽く煮立てたもので、茄子、青ねぎなどをきざんで味を加える。主として夏の食料ではあるが、あたたかいうちに食べる。

と説明されている。大阪ではなすと青ねぎをかやくにした、いかにも夏らしい食べ物であったようだ。

　じつのところ、京都食堂のメニゥにも「にゅうめん」や「かやくにゅうめん」が散見される。店によってはまったく路線を異にするものの、おどろくなかれ、それら「にゅうめん」は「しっぽく」の台を素麵《そうめん》にしたものなのだ。前頁の表6をみると明らかなとおり、「大力餅」（山城高校南門）のかやくは、「しっぽく+たまご」の構成である。「やっこ」（夷川《えびすがわ》室町東入ル）では、「しっぽく」と「かやくにゅうめん」の上おきが、まったく同じであった。すると京都では、必ずしも夏の味覚ではなく、季節を問わずに味わうことのできる麵料理ということになる。

それにしても、「鍋焼き（うどん）」と「にゅうめん」がともに〈しっぽく〉から生まれ、縁戚関係にあるなどとだれが想像できるだろう。〈きつね〉と〈たぬき〉にはじまる上方〈麵〉問答に対し、京洛〈麵〉問答は〈しっぽく〉にはじまる。

4 〈しっぽく〉鍋のミッシングリンク

「長崎ちゃんぽん」鍋の謎

京都の文化・風俗に知見の深い、溝口健二映画のシナリオライターとして知られる依田義賢《よだよしかた》（一九〇九―一九九二）は、鴨川の東に位置する《祇園町》まわりの飲食店を案内する昭和三十年代のエッセーのなかで、琵琶湖疏水《びわこそすい》（現在は暗渠《あんきょ》）に店をかまえた牡蠣《かき》料理の「かき春」を紹介したあと、店の名を挙げることもないまま次のように記した。

> ここの向いに、長崎ちゃんぽんの店がある。一度だけ行った。鍋の好きなわたしには、うれしかったが、本物の長崎ちゃんぽんを知らないから、独特の味わいをおぼえることはなかった。
>
> （依田義賢「上方味覚地図① 鴨東」）

当時の住宅地図から判断すると、「長崎ちゃんぽんの店」とは「南風楼」であると思われる。彼は本場の「長崎ちゃんぽんを知らない」と断りを入れているものの、それが「鍋」と称されていることには違和を感じざるを得ない。ところ変われど、「長崎ちゃんぽん」は麵料理のはずなのだ。

依田が食した「長崎ちゃんぽん」とは、いったいどのような鍋料理であったのだろうか。それを知る唯一の手がかりは、「南風楼」の立地にある。じつのところそこには、昭和戦前期の段階で、「鳥茶屋」なる料理屋の支店（別館）がおかれていた可能性が高い。

かねて南座前に鳥茶屋と名乗つて、長崎風味料理と鳥鍋、それから名物しつぽく鍋を看板に粋人の賞味を博してゐる。その新館がつひこの間開店された、川端四条上ル旅館伊勢市跡である。開店披露状に「加茂の流れの水音ちかく四条川端の程よき所へ今一つ料亭を設けました。粋に雅にうれしき設へ、大小多数のお座敷も美しく、味は独特の長崎風、春宵の御会食に団欒に従前にも増して何卒……」と認めてある。全くその通り位置も申し分なく味も長崎風と特別大書してあるほどそれほど長崎風味を出すのに異常な真剣さである。聞くところに依《よ》ると主人自から本場長崎へ数回探味旅行を試みたさうである。従前長崎料理の殆んど無かつた京都であるから、世評の中心となつて業界に話題を投じたのも当然で、それだけ鳥茶屋の将来は注目される。

（山川美久味「味と気分を訪ねて（二）」）

これは、鳥茶屋別館の開業を宣伝する雑誌記事から引用したもので、文中の冒頭では「長崎風味料理」にくわえて「鳥鍋」と「名物しつぽく鍋」とが併記されている。あわせて開業広告（図7）をみると、右上に「長崎風御料理竝《ならび》に鳥すき」とあるので、「鳥鍋」は鶏肉のすき焼きであることがわかる。

注目すべきは絵図広告の帆船の帆に「名物」として記される「しつぽく鍋」であろう。長崎に卓袱料理はあれども、それは鍋料理ではない。当時の京都で〈しっぽく〉と言えば、それはうどんを台とする麺料理を指したはずなのだ。

図7　鳥茶屋新館の開業広告（出典：『洛味』第1巻第2号、1935年）

すると、次のような仮説が成り立つのではないだろうか。依田義賢は戦前の鳥茶屋を知っており、同店の名物「しっぽく鍋」に麺が入っていたことから長崎名物「ちゃんぽん」と混同してしまったのではないか、と。つまり「長崎ちゃんぽんの鍋」とは、鍋仕立ての豪華版〈しっぽく〉と考えれば、腑に落ちる。

〈ちゃんぽん〉については第4章であらためて取り上げるが、ここでは「しっぽく鍋」をめぐる語りをもう少し掘り下げてみることにしよう。

「うどんのすき焼き」

さきに「しっぽく」を「ちょうど東京のおかめそばを、うどん台にしたようなもの」と説明した、大阪の食文化に詳しい吉田三七雄《よしだみなお》（一九一二―一九九一）の料理話に再び耳をかたむけてみたい。

こう寒うなってまいりますと、やっぱり鍋物ということになりますなあ。さよでございまっさかい、今晩はひとつ、わたくしの自慢のひとつ、しっぽく鍋をと思いまして、用意いたしましたんでございますが、お召し上がりになっていただけますやろうか、それが心配でございまして……。…〔略〕…

まず材料でございますが、うどん玉が二つ、つまりふたり分でございます。それに松茸とかまぼこ、焼き穴子、それからゆりねにねぶか。え？　はい、さよでございます。ねぶかと申しますのは、おねぎのことで……、いや、どうも。…〔略〕…

このしっぽく鍋のことを、うどんのすき焼というお方もございますが、うどんのすき焼では、もうひとつ風流味がございません。やっぱりこれは、しっぽく鍋と呼んだほうがよろしいようで。…〔略〕…

あのう、わたくし、えらい下司《げす》なことをいたしますするが、このあとへ、焼いた餅を入れて煮《た》くのもおいしいものでございまして、いかがでございます？


（吉田三七雄「しっぽく鍋」）

鳥茶屋の「しっぽく鍋」に長崎風味がどのように加味されていたかはさだかでないものの、吉田の説く鍋に類する料理であったのかもしれない。そして、ここで重要なのは、吉田自身が「このしっぽく鍋のことを、うどんのすき焼というお方もございます」と述べているように、それが必ずしも吉田オリジナルの創作鍋料理ではなく、すでに一般化していた料理と思しき点である。

うどんのすき焼き、略して「うどんのすき」、さらに略して「うどんすき」と聞けば、ある店がすぐに想起される。

…〔略〕…籠に色彩り美しく盛られたのは何々だろう。鶏肉、やいたあはび、蛤、松茸、生ゆば、生麩、飛龍頭（がんもどきのこと）〔、〕人蔘、きぬさや、茹でたえび、芋、結び三つ葉、さつと茹でたほうれん草の白菜巻き、これに焼いたお餅まで入つている。

まず、徳利から、だし汁を鉄鍋へあけ、太い美々卯特製のうどんを入れ、煮え出したら鶏肉、蛤と次々に具を入れてゆく。煮えたら小皿にとつていたゞくのだが、貝がらに柄のついたスプーンがめい〳〵に配られているのも、鄙《ひな》びて面白い。その上に酢橘《すだち》が半分に切つて添えてある。酢橘は四国産で、柚に似て型が小さく香りはあまりないが、酸味が強く、好き〳〵でしぼつて使う。淡味のだしにそれ〳〵吟味された十数種の具の味が複雑に交り合い、何ともいえずおいしい。

鶏と貝類は必ず入れることになっていて、寒くなるとかきを使うそうだ。

（藤浪みや「食べもの風土記11」）

吉田三七雄の「しっぽく鍋」も、家庭料理としては豪華に思われるが、さすがに店の料理は贅《ぜい》を尽くした感がある。これは、引用文中にもあらわれているとおり、「うどんすき」を登録商標にしている大阪［美々卯］の紹介記事にほかならない。［美々卯］の成り立ちについては、亀井巌夫『うどんすき物語――薩摩きくの人生』に詳しいが、ここでは前出の小説家・安藤鶴夫の聞き書きを引用しておこう。

美々卯といふ屋号からして、東京ツ子には奇妙なのである。おばちやんの亡《な》くなつた連合ひが、堺の料亭耳卯楼《みみうろう》の末子で、京都の瓢樹《ひようき》に子飼いからの弟子になつてゐたが、それから今橋のつるやでまた板前の修業をして、ふるさとは堺のちくまそばで蕎麦打ちを習つてから、戎橋《えびすばし》で店を開いた。おやぢさんが耳という苗字で、名を卯兵衛といつて耳卯楼といつたところから〝美々卯〟とつけた。いまから三十年前の話だといふ。

（安藤鶴夫「美々卯の雨」）

「おばちゃん」とは戦後に「美々卯」を再興した薩摩きくのことであり、その連れ合い（夫）である薩摩平太郎こそ、「美々卯」を興《おこ》した人物にほかならない。

ベトベトの蕎麦

平太郎は京都の老舗料理屋である伊勢長、次いで瓢樹《ひょうき》、さらに大阪に移っては明治四十一（一九〇八）年創業の料亭つる家で腕を磨き、なおも堺市の中心部に位置する宿院《しゅくいん》の蕎麦屋「ちく満《ま》」で修業を積んだという。そして大正十四（一九二五）年、大阪「南」のはずれに開業したのが蕎麦・うどん屋の「美々卯」であった。平太郎の生家は堺の料理旅館「耳卯楼《みみう》」で、その名にちなんだ「美々卯」の字があてられている。出汁を重んじる京都の料理屋に、堺の蕎麦屋、あるいは諸国を巡り歩いて探求した蕎麦・うどんに学んだ結果が、「うどんすき」などの麺料理にいかされたのであろう。

ところで、戦後、薩摩きくの手で再興された店先の立て看板には、「南 美々卯 うず良 蕎麦」と書かれていたという（安藤鶴夫「美々卯の雨」）。「美々卯」草創期の名代、それが「うずらそば」であった。「うずらそばというのは、せいろに乗せたあつもりのそば、出汁には鶏卵にかえて、ウズラの卵を二個使ったもので、平太郎の新工夫の一つだった」と説明されるのだが（亀井巌夫『うどんすき物語』）、これだけではピンとこないかもしれない。

いまも堺の蕎麦屋では、「あつもり」とも称される「せいろ」を出すのが一般的で、新島繁『蕎麦の事典』の「あつもり【熱盛り】」を引くと、「堺市にある老舗「ちくま」は創業元禄八年（一六九五）といい、そばのせいろひと筋。熱もりは湯通ししたそばを盛り、辛めの熱いつゆを生卵で薄めて好みの味としている」とある。「うずらそば」は「ちく満」に学んだ平太郎ならではの麵料理であったわけだ。

この「ちく満－美々卯」という麵つながりの先に、なぜか京都の老舗蕎麦屋まで見え隠れする。

…〔略〕…つい此の間まで泉州堺に『ちくま』という蕎麦屋があつて、必ず湯をとおした湯気のホカホカ立つた、ベトベトのを出した。…〔略〕…これと同じベトベトのが、京の河道屋の蕎麦で、こゝでは山かけといつて、すり芋のとろろをかけて、まつくろな濃い出汁と、つんと鼻へ抜ける山葵《わさび》とでこの種のものを充分くわせたものである。が、今ではベトベトをやめて、さらりとしたザルを出して、面目一新して東京の人が来ても、顔をしかめないだけのザルを出すようになつた。大阪の『美々卯』は『ちくま』流で、はじめはベトベトだつた。今では中庭に信州から来た蕎麦の俵をおいて、清伯《せいはく》・精粉《せいふん》を自家でやっている…〔以下略〕。

（B「うどん」）

第1章でも登場した［河道屋］とは、京都では［尾張屋］と双璧をなす老舗の蕎麦屋である。このエッセーが、大阪の老舗和菓子店鶴屋八幡のPR誌『あまカラ』に掲載されたのは、昭和二十七（一九五二）年のこと。戦後、どうやら［美々卯］も［河道屋］も「ベトベトの蕎麦」、すなわち［ちく満］流の「あつもり」をやめていたらしいのだが、逆に言えば、少なくとも昭和戦前期には蕎麦としては特異な供し方である「あつもり」式を採用していたことになる。

〝エンタツ〟鍋

［美々卯］と［河道屋］のつながりは「あつもり」ばかりでない。当時、「山かけ」は［美々卯］の品書きにものぼっていたほか、［美々卯］の看板料理「うどんすき」に先行する、とある鍋料理までもが共通するのだ。

…〔略〕…「美々卯」は戦前は御霊《ごりよう》神社の傍にあり、初めは「エントツ」と称して火鍋を使った寄せ鍋風の品を売っていたが、その後現在のような「うどんすき」に変わった。いつか「美々卯」主人の薩摩《さつま》卯一《ういち》氏に、わが家でも「エントツ」の出前を取っていたと話したら、「ヘエあんた「エントツ」を知ってはるか」と懐かしがられたことがある。

（山田庄一『京なにわ　暮らし歳時記』）

「エントツ」とは、牛肉のしゃぶしゃぶなどでもちいられる火鍋をイメージするとよい。船場の「ぼん」こと山田庄一は明確に関連づけていないものの、エントツ型火鍋をもちいた鍋料理が京都の蕎麦屋にも現存する。［晦庵《みそかあん》 河道屋］の「芳香炉《ほうこうろ》」である。

……〔略〕……「河道屋」の名物は「芳香炉」。中華風の火鍋《ほうこう》で、鶏、海老、蛤に京野菜などいろいろの具に蕎麦を入れた「寄せ鍋」風の逸品で、ホーコーを芳香と洒落て名付けたのも楽しい。（同前）

山田は「蕎麦を入れた「寄せ鍋」風の逸品」と称賛しているものの、食通文人の臼《うす》井喜之介《いきのすけ》（当時・白川書院社長）は、「芳香炉というのは、中華料理の火鍋のような鍋でやる、うどんスキで…〔略〕…鍋の中にぐつぐつとうまい出汁をたぎらせ、そこへ、鶏肉、真蒸《しんじょう》、生椎茸、湯葉、それにホウレン草や春菊などの季節の新鮮な野菜を入れて煮き、ポン酢へ大根おろし、七味などを入れたものをあしらって味わう」ものと解説していた（臼井喜之介『京都味覚散歩』）。

「芳香炉」が「うどんスキ」とされていることを考えるならば、これもまた「しっぽく鍋」とみなすこともできよう。具材も似通っているうえに、もともと同じ型の鍋を用いていたとすれば、なんらかのつながりがあるように思われてならない。

実際、『うどんすき物語』では、次のように説明されている。

開店当初から平太郎が考案した料理は、うずらそば以外にも、アナゴを添えた鉢もののあなごそばがあり、一風変わったものとして中国風のほうこう炉を使って〝エンタツ〟と称した鍋もの（白菜やネギ、シイタケなどの野菜に、鶏肉、アナゴなどの具をうどんとともに煮込むもの）、それから〝湊鍋〟と呼ぶ鍋焼きを高級化した料理などがあった。

（亀井巌夫『うどんすき物語』）

「エンタツ」とは「煙突」の訛《なま》りであるのだが、『うどんすき物語』によると中国鍋「ほうこう炉」をもちいた「エンタツ」が考案されたのは大正十四（一九二五）年の開店以降、昭和初年のことのようで、昭和三（一九二八）年開発の「うどんすき」に先行するらしい。大正十四年生まれの山田庄一が「エントツ」を記憶していたということは、おそらく「うどんすき」を考案してからも「エントツ」を出していたのだろう。

「芳香炉」をめぐる語り

昭和二十年代後半の段階で、

上方で若い女の子に喜ばれるのは、京の河道屋の芳香炉と、大阪の美々卯の『うどんのすき』である。中国式の火鍋で煮るのが芳香炉であり、これも中国式の平鍋で煮るのが『うどんのすき』である。（B「上方の鍋」）

と紹介されるように、「芳香炉」と「うどんすき」は、大阪・京都それぞれで人気を博していたようだ。では、「エンタツ」たる「芳香炉」はいかにして京都の「河道屋」へ伝わったのであろうか。

エンタツは評判もよくて、京都山科に一灯《ママ》園を開いた西田天香らが大いに賞め、宣伝もしてくれたようで、京都でも「河道屋」の横田貢《ママ》三が芳香炉と名づけて、間もなく売り出した。

（亀井巌夫『うどんすき物語』）

なんと、それは一燈園を設立した宗教家の西田天香《にしだてんこう》（一八七二―一九六八）を介して「河道屋」へと伝わり、「芳香炉」と命名されたのだという。

だが、京都側の語りでは、次のようになる。

まづ大晦日の年越蕎麦と云へば世間周知の蕎麦の老舗で、家業連綿数百年、此処はとくに御前蕎麦を以て聞こへ、最近横町に「晦庵」の看板を掲げて、名物「芳香爐」を創案し、蕎麦料理の数をつくして、客の需《もとめ》に応じてゐる。…〔略〕…

こは去る人の満州より齎《もたら》せし火鍋より材を得しもの、お手前もの丶蕎麦、饂飩に引上湯葉、糝薯《しんじよ》、生椎茸の調和もよく、家鶏の上肉もおいしくたべられた。

（宮部酔櫻「のみある記」）

芳香炉　そばの名門河道屋（麩屋町三条）の先代植田貢三《うえだこうぞう》さんが、昭和七年に始めた。貢三さんと親交のあった故西田天香が支那から持ち帰えった火食子という鍋を使い、出汁を入れてにえ立ったところへ生の野菜をつけて食べ、あとでそば、うどんなどを食べる趣向で、美食に飽きた人に大いにうけた。現在〝うどんすき〟と称するものは、これにヒントを得たもので、うどんすきで有名な大阪の美々卯の女将も河道屋の娘さんである。しかしいわゆるうどんすきは、えび、たいなどを入れるが、河道屋の芳香炉は吟味したこぶ、かつを節と鶏肉を少々入れるだけ、野菜は春菜《はるな》、ねぎ、それにひろす〔飛龍頭《ひろうす》〕、しいたけ。うどん、そばはもちろん独特の手打ち。　（河合喜重編『京都料飲十年史』）

どちらの創作が先行するかをめぐる語りは京阪間で対立するものの、「うどんすき」、「芳香炉」、そして鳥茶屋の「名物 しっぽく鍋」は、いずれも昭和一桁《ひとけた》に成立し、しかも「芳香炉」は「うどんすき」に喩えられ、その「うどんすき」を吉田三七雄は「しっぽく鍋」と呼ぶべきであると主張していた。ここに、〈しっぽく〉風の鍋をめぐる京阪間の奇妙な連関があらわれる。

「しっぽく鍋」と「うどんすき」のあいだに、はたして失われた環はあるやなしや。

食堂の「しっぽく鍋」

吉田三七雄のいう「しっぽく鍋」は言葉としてひろく定着することはなかったものの、現在も［美々卯］で「うどんすき」を、そして［晦庵　河道屋］で「芳香炉」をいただくことができる。食堂ではどうであろうか。

わたしたちの食した範囲では、［ちから餅］（七条西洞院東入ル）と［満寿家《ますや》］（後院通《ごいんどおり》）に「しっぽく鍋」がある。［ちから餅］の場合、鍋は鍋焼きと同じく土鍋で、鍋の底を覆うように大きな昆布が敷かれ、うどんを台としている。具材は、ピンク色のかまぼこ、板麩、三つ葉、しいたけにゆずひとかけ。普通の「しっぽくうどん」と異なるのは、玉子が落とされてゆるくかためられていることだろう。

他方、［満寿家］の「しっぽくなべ」はいかにも〈しっぽく〉の派生形らしく、その美学を体現している。やはり土鍋でぐつぐつとしたまま供されるのであるが、鍋の手前から時計回りに具を観察してみよう。ほうれん草、花の形をした生麩、海苔二枚、長方形の生麩（よもぎ）、板麩、ピンク色のかまぼこ二枚、そして煮《た》いたしいたけとなる。やはり真ん中には、生卵が落とされていた。

この「しっぽく鍋」は、どちらも鍋焼き一歩前の麵料理、といったところであろうか。そういえば、大久保恒次は「うどんのすき」を「鍋やきうどんの上手《じようて》」と位置づけていたが(『上方甘辛手帖〔4〕』)、〈しっぽく〉麵料理の土台をなすのが「しっぽくうどん」、その最上位を占めるのが「うどんすき」で、両者のあいだに「鍋焼き」があるのだろう。つまり「しっぽく鍋」は、〈しっぽく〉から「鍋焼き」へ移行する中間形態ということになる。

ハマグリなどの貝類や車海老をもちいる鍋など、食堂には望むべくもなく、また似つかわしくもないのだが、北大路新町の〔相生餅〕では〈しっぽく〉風の鍋料理を一人鍋としてささやかに楽しむことができる。冬期メニゥとして掲げられた、店名を冠する「あいおい鍋」にほかならない。

具材は、しいたけ、ねぎ、白菜、にんじん、ピンク色のかまぼこ、はるさめ、豆腐、玉子、鶏肉で、にんじん・はるさめ・豆腐は〈しっぽく〉とは無縁なうえに、鶏肉が入り生玉子の落とされるところなどは、こちらも鍋焼き一歩前という感がしなくもない。だが餅系食堂らしく、焼いた丸餅が二つも入る。この餅がじつに美味しく、おもわず吉田三七雄の言葉（「えらい下司なことをいたしまするが、このあとへ、焼いた餅を入れて煮《た》くのもおいしいものでございまして」本書九七頁）が頭をよぎるのだ。「あいおい鍋」を注文する際には、店員さんに必ずや聞かれることだろう。「うどんは入りませんが」、と。餅とうどんの双方を求めるむきには、鍋焼きうどんに焼き餅が入る「なべ餅うどん」をおすすめする。

〈しっぽく〉が食堂の麺類に収斂したかにみえる現在、この系譜につらなる料理はまだほかにもあるのではないだろうか。移動する料理文化は、料理の形態と名称とが乖離してなお、各地になんらかの痕跡を残しているにちがいない。

第3章　なにを「とじる」か

1 謎かけ丼

丼物の名前

食堂の看板では「麵類・丼物一式」などと一括りにされるものの、麵類にくらべて丼物の種類は少ない。定番の丼をおおむね値段の低いほうからならべてみるならば、

玉子 きつね 衣笠《きぬがさ》 木の葉 親子 天ぷら（天とじ） 肉 カレー 他人 かつ

となる。

読者の皆さんのなかには、なじみのない品もふくまれているにちがいない。

「きつねうどんは知ってるけど、きつね丼なんてあるの？」

「衣笠丼？　木の葉丼？　聞いたことないなぁ……」

「親子はわかるけど、他人ってなに？」

「肉丼の肉ってなんの肉？」

「カレーをわざわざ丼飯《どんぶりめし》にかけるの？」


といった声が、聞こえてきそうである。基本的に麺類／丼物の上おきの互換性は高く、「きつね丼」はお察しのとおり「きつねうどん」の上おきを丼飯にのせたもの。「きざみ」だからこそなせる転用である。

京都にかぎらず定番の「玉子丼」、「親子丼」、「天ぷら丼」——なぜか京都では「天丼」よりもこの名称のほうが多い——と「天とじ丼」、そして「かつ丼」は説明を要さないだろうか……。だが、説明を聞かずに、いや、食さずにやり過ごすと、京都食堂の不思議にふれることのないまま京都を去ってしまうことになりかねない。

まずは、「親子」と「他人」の関係にせまろう。

「親子」と「他人」

「玉子丼」がもっともなじみのある丼物であるとするならば、それにつぐのは親子丼であろう。鶏肉を玉子でとじて丼飯のうえにのせたものである。一般的にはどちらも玉ねぎを入れると思われるが、京都食堂では斜め切りの九条ねぎとあわせてとじられることが多い。「鶏肉＋鶏卵」で親子というわけだから、その関係性は明確である。

では、「他人」はどうか。

「他人」を知るには、まず「肉」を食べてみるのがよい。「鳥なんば」と「親子」がある以上、豚か牛のどちらかということになる。ひろく知られるように、関西ではカレーや肉じゃがなどに入る肉は牛肉であることが多く、食堂の「肉」もまた煮た牛肉を上おきする麺類ないし丼物となる。「肉丼」とは、すなわち「牛肉＋九条ねぎ」を丼飯にのせたものだ。うどん出汁をベースにしているからか、味つけもあっさりとしている。そして、「つゆだく」などとリクエストせずとも、たっぷりと出汁がそそがれる。これは肉丼に限られたことではないため、京都食堂ではじめて「天ぷら丼」を食べられる方は驚かれるかもしれない。

さて、くだんの「他人丼」である。お察しのとおり、牛肉を鶏卵でとじた丼飯を指す。牛と鶏は赤の他人というわけだ。

店によっては「豚丼」があるだけに、「鳥丼」もあってよさそうなものだが、品書きにのぼることはない。丼物の上おきとするには、淡白にすぎるからであろうか。

どちらをとじるか？

衰退いちじるしいZ商店街のなかほどに、とある餅系食堂がある。店員と常連とおぼしき客のやり取りに耳をかたむけると、現在、店舗数は往時の半分に減り、日が暮れると人通りもまばらになるらしい。銭湯があったころには行き帰りに「うどん」をすする客が立ち寄ることもあるため二十時まで営業していたというが、もはやそうした客も見込まれないことから、いまは十八時に閉めているよし。周辺には、まだ複数の飲食店があるけれども、Z商店街にあってこの食堂は客入りのよい店のひとつに数えられる。

ある日、メンバー二人が連れ立って昼食におとずれた。一人はすぐに「天ぷら丼」を注文したものの、もう一人は選びあぐねている。品書きをよくみると、

肉丼　他人丼　牛丼　牛スタミナ丼

の四種類がある。「肉丼」の肉が牛肉であるという前提を覆しかねない品書きなのだ。「肉丼」と「牛丼」は、いったいどのようにちがうのか。それを知るためには、食べてみるしかない。まずは、「肉丼」よりも値段の少し高い「牛丼」からためしてみることにした。

注文してしばらくすると、静かな店内に厨房のほうから卵をとく音が聞こえてくる。客は二人のほかになく、とき卵は「牛丼」か「天ぷら丼」のどちらかに使われる——おそらくは「とじる」——はずだ。そして角盆にのせてはこばれてきたのは、注文の順が逆転しての「牛丼」であった。みると、それは玉子でとじられている。が、「他人丼」ではない。牛肉・九条ねぎ・玉ねぎ・糸こんにゃくを玉子でとじた、まるで「すき焼き」をのせたような丼なのだ。

では、「肉丼」と「他人丼」やいかに。後日に食してみると、こちらはシンプルに牛肉と九条ねぎを、同じく後者はその玉子とじをのせている。「牛スタミナ丼」は、牛肉と玉ねぎ・九条ねぎ・にんじんをタレで炒めてのせた、いわば「焼き肉丼」なのであった。

肉系丼四態の謎が解けたところで、時を少しばかりさかのぼり、とき卵のゆくえにもどろう。「他人丼」というよりは、「すき焼き風」と呼びたくなる「牛丼」に少し遅れて、「天ぷら丼」も同じ角盆ではこばれてきた。とき卵のゆくえは「牛丼」のみにあらず、なんと「天ぷら丼」もとじられていたのである。これは、一般的には「天とじ丼」であろう。

品書きをみただけではわからない、食べてみないとわからない。京都食堂の丼は、まるでわたしたちに謎かけをしているかのようだ。そして、いかにも一般的な「かつ丼」にすら、ある秘密が隠されている。

玉子で蓋をする

「玉子丼」には玉子とじうどん、「きつね丼」にはきつねうどんと、それぞれ対応する麺類がある。ところが、「かつ丼」にはそれがない。「カツうどん」をメニュに入れていたり、とんかつをカレーうどんなどの麺類にトッピングできる店もまれにあるが、基本は「かつ丼」のみである。麺／丼の替えがきかないうえに、ほかの丼物よりも高い値段設定をしてまで多くの店があつかっているところをみると、「かつ丼」は京都食堂に欠くべからざる人気メニュのひとつといってよい。同じ呼称でありながら、地域差をともなう「かつ丼」について、食文化史研究の大家である飯野《いいの》亮一《りよういち》は、次のごとく簡潔に説明してみせた。

とんかつをどんぶり飯の上にのせればかつ丼ができる。
かつ丼にも二種類あって、ソースかつ丼ととじかつ丼がある。ソースかつ丼は、どんぶり飯の上にとんかつをのせてソースを掛けるか、ソースにくぐらせたとんかつをどんぶり飯の上にのせるかしたもので、玉子とじかつ丼は、とんかつと玉ねぎなどを甘辛い汁で煮て、玉子でとじ、それをどんぶり飯のうえ《ママ》にのせたものである。

（飯野亮一『天丼　かつ丼　牛丼　うな丼　親子丼』）

地域によっては別様の製法もあるかもしれないが、ひとまずは得心のゆく説明である。ソースと「とじ」とに大別される「かつ丼」のうち、京都食堂で供されているのは、いっけんすると後者の「玉子とじかつ丼」のように思われる。丼がはこばれてきたら、がっつく前にじっくりと目でも味わいながら、ゆっくりと箸を入れてみてほしい。見た目はふつうの「玉子とじかつ丼」であるが、玉ねぎだけでなく九条ねぎも使われていて色あざやかだ。玉ねぎの入らない店も多い。玉子とじの下からあらわれる五、六切れにカットされたとんかつを箸でひっぱりだし、一口食べてみる。すると、おもいのほか出汁がしみこんでいないことに気づかされるだろう。それどころか、よくみると、とんかつが玉子でとじられていないこともわかる。

つまり、とんかつを九条ねぎや玉ねぎとともに煮るのではなく、そして玉子でとじることもなく、「どんぶり飯の上にとんかつをのせて」、まるで蓋をするかのように、ゆるくトロトロにとじられた玉子を丼に流し込んでいるのだ。「かつ煮」ないし「かつ玉」ではなく、とんかつと玉子とじの二段重ね、それが京都流「かつ丼」である。

京都食堂としてはめずらしく、「洋食　麵類　丼物」と看板に「洋食」を掲げる「たつ匠」(新町今宮上ル)のメニュには、値段順に「コロッケ」からはじまり「エビフライ」におわる「一品料理」がずらりと並ぶ。「ダシ巻」や「焼豚」・「焼肉」もふくまれるが、揚げ物中心のラインナップで、いかにも洋食の看板にふさわしい。

麵類もひととおり揃えられているなかで、丼物の殿《しんがり》をつとめる「カツ丼」を注文してみよう。席によっては厨房の様子をみることができ、店主の丁寧な仕事ぶりが手に取るようにわかるだろう。丼に飯を盛る、揚げたてのとんかつをカットして丼飯にのせる、出汁に玉子を溶き入れ青ねぎと玉ねぎをとじあわせて、丼にもりつける。汁は多め、最後に山椒がふられるのも京都食堂ならではだ。ここもじつに見事な、そして見た目にも美しい「蓋」式のかつ丼である。

すべての店というわけではないものの、ふんわりと蓋をするように玉子とじを重ねる丼物はほかにもある。天とじ丼だ。第2章でもふれたように、「天ぷら(うどん)」の上おきは、えび天一本と斜め切りされた九条ねぎしかない。「天とじ(うどん)」も

「天とじ丼」も同様である。もちろん玉子でとじる店も多いが、ぜひ「かつ丼」のような二段重ねの「天とじ丼」を味わってみてほしい。たとえば、「相生」（東大路二条上ル）などがその典型である。また、このあとにみる木の葉丼もまれに玉子とじで蓋をするタイプの店があるようで、「初音」（丸太町河原町東入ル）はそのひとつに数えられる。

さて、謎かけのような丼名のうち、残るは「衣笠丼」と「木の葉丼」である。その正体やいかに。

2 〈麺・丼〉問答

丼物の「都鄙問答」

衣笠丼は、ふるくからある食堂におなじみのメニゥである。短冊状にきざんだ油揚げ（きざみ）と斜め切りにした九条ねぎをうどん出汁でさっと煮《た》き、とき卵でとじて丼飯にのせたものだ。いわば、「きつね」の玉子とじである。「甘きつね」と称される、甘辛い出汁で煮いたきざみを用意している店も少なくない。食感をわずかに残す九条ねぎは、たっぷりと出汁をふくんだきざみをひきたてる薬味というよりは、その色合いとともに自らの具材としての存在を主張しているかのようだ。しあげに粉山椒がふられたり、小さな正方形の海苔やきざみ海苔がおかれることもある。

親子丼や他人丼などの肉っ気のある丼にくらべると、見た目は「玉子丼」以上に地味な印象を受ける。だが、出汁を吸ってコクの増したきざみと九条ねぎの玉子とじが口のなかで渾然一体《こんぜんいったい》となる瞬間、その味のふくらみと食いでとに驚かされるはずだ。

類する丼物が大阪では「きつね丼」などと呼ばれたり、京都でも店によっては「絹笠丼」と異なる漢字をあてるほか、「きぬかけ丼」や「いなり丼」と称されることもある。とはいえ、一般には「衣笠丼」でその名のとおる、京都固有の名称といってよい。

この呼び名は、ある故事に由来するものとされている。

衣笠山は等持院のうしろなる山なり…〔略〕…絹掛山といふはむかし寛平法皇御《お》室《むろ》に於て水無月の炎天に深雪の眺を好み給ひ此峯に白き絹をかけさせ玄冬のけしきをうつし給ふといひ傳《つた》ふ

（的場麗水『京都名所獨案内』）

平安前期の宇多《うだ》天皇（寛平法皇《かんぴょう》）の時代、夏の盛りに雪景色を見たいという天皇の所望に応えるため、臣下はかき集めた白い絹で山を覆い雪化粧した山の景色に見立てたという伝説から、衣笠山ないし衣掛《きぬかけ》山と呼ばれるようになった。

「衣笠丼」もまた、この故事（あるいは山名）にあやかった名称らしいのだが、ごくごくまれに「田舎丼」ないし「都丼」と称されることもある。一例として、「みやこ（みや古）食堂」（烏丸寺之内上ル）の「田舎丼」をあげてみよう。

メンバーの一人がこの田舎丼を初めて注文したとき、それがどのような丼であるのかをまったく想像できずにいた。よくありがちな「田舎そば」や「田舎うどん」にも〈田舎〉を表象する基準などまるでないし、具材もばらばらだったりする。ここでも〈田舎〉の意味するところは不明ながら、せいぜいオリジナルの創作系丼であろうとふんでいたのだ。

ところが、目の前に供された田舎丼をみると、なんの具材もとじられていない、つまりまっさらな玉子丼にしかみえない。はて、どこから箸をつけたものか……。玉子の下に何かが隠れているのか、それとも具材などなにもなく、丼飯に玉子で蓋をしただけなのか……。

まずは玉子を箸でつまんで口にはこんでみると、ほんのりと出汁のきいた薄味のあまみが口内にひろがる。次いで、蓋をしたかのような玉子とじをそっと箸で横によけると、あふれんばかりの出汁をふくんだ「きざみ」（油揚げを短冊状にきざんだもの）と九条ねぎとが、白飯を覆い尽くしていた。つまるところ「田舎丼」とは、「きつね丼」に玉子とじで蓋をした二段重ねの「衣笠丼」なのであった。

この丼を、故事にならい、きぬかけの山に見立てるならば、混じりけのない玉子とじは、絹のようになめらかな雪とみえなくもない。雪（＝絹）の下にある青々とした木々、その木々のあいだからのぞく薄茶色の木肌ないし山肌を、九条ねぎときつね色の「きざみ」とがみごとに再現している。あえて、このようになぞらえなくとも、食べてびっくり、楽しく美しい丼であることにかわりはない。一般的な「衣笠丼」よりも、この「田舎丼」こそが故事に忠実であるというべきか。

すると、俄然、「京／都」をおもわせる――どちらも一字で「みやこ」と読むことも可能だ――「みやこ（みや古）食堂」と「田舎丼」の組み合わせに興味をひきつけられる。なぜ、「田舎丼」なのか。お店の方に尋ねたところ、「なんでやろねぇ、京都では衣笠丼いうけど、うちでは昔から田舎丼やねぇ……」と返ってきた。由緒は不明ながらも、代をまたいで受け継がれていることだけはたしかなようだ。

京阪電鉄三条駅の近くに、店名を同じくする「めん処 みや古」が立地する。こちらのメニゥには、「衣笠丼」のかわりに「都丼（玉子丼のあげ入り）」がある。同じ「みや古」でありながら、「衣笠丼」の異名は対をなして「田舎／都」となるのだ。食堂の丼のなかで、まるで「都鄙問答《とひもんどう》」がなされているかのように……。

このとき想起されるのは、「京に田舎あり」ということわざ、あるいは江戸時代後半の「花の都は二百年前にて、今は花の田舎たり。田舎にしては花残れり」という語りである（二鐘亭半山『見た京物語』）。はたして、京都は〈みやこ〉なのか、田舎なのか。京《みやこ》／都のなかに田舎があるのか、田舎のなかに京／都があるのか。都市アイデンティティをめぐる集合的無意識の相剋《そうこく》を「田舎丼」と「都丼」が具現している、などと考えてしまうのは、いささか深読みしすぎだろうか。

しっぽくの変態

ここまで概観してきた〈麵・丼〉関係を、あらためて上おきごとに整理したのが表7である。それぞれの上段にはノーマルな〈麵・丼〉の名称を、下段には玉子とじの名称を入れた。

「きつね」（きざんだ油揚げと九条ねぎ）を玉子でとじれば「衣笠」で、〈麵・丼〉ともに通用する。丼にかぎってみると、多くの店のメニゥは「玉子丼」が筆頭にあり、必ずといってよいほど「きつね丼」がそれにつづく。麵類の基本は当然ながら「うどん／そば」だが、丼物のそれは玉子とじにあることがよくわかる。店によっては、壁に貼られた衣笠丼の短冊に「油あげに玉子とじ」や「油あげ&玉子」などと注記されることもある。衣笠丼とは何ぞや、と観光客に問われることも多いのだろう。

次いで、「鳥なんば」をとじれば「親子」、「肉」をとじれば「他人」となるが、「天ぷら」には気の利いた名称もなく、「天とじ」と変わるにすぎない。再々記してきたように、えび天一本の貧相な「天ぷら」で、そのほとんどが冷凍食品であるがゆえに、リーズナブルではある。上おきも値段も、いってみれば東京の「天なんばん」の簡易ヴァージョンといったところか。

最後に、しいたけ、かまぼこ、麩、ねぎ、ほうれん草などが綺麗に上おきされる「しっぽく」である。その来し方と現在については、第2章で詳細に紹介した。この「しっぽく」のあんかけは、なぜか「のっぺい」といい（詳細は本章第4節を参照されたい）、「しっぽく」を玉子でとじると、やはり「しっぽくとじ」ではなく「かやくとじ」となる。

ある日、後院通の「満寿家」で食事をしていたら、常連と思しき女性客二人が勝手口（？）から入ってきて、そのうちの一人が店の奥さんに「かやくとじって何でしたっけ」と尋ねた。すると、奥さんは「しっぽくはわかるやろ、しっぽく

表7　上おきからみた〈麺・丼〉関係

上おき	麺	丼
油揚げ（きざみ）	きつね	きつね
	衣笠	衣笠
鶏　肉	鳥なんば	—
	親子とじ	親子
牛　肉	肉	肉
	他人とじ	他人
えび天	天ぷら	天ぷら
	天とじ	天とじ
しっぽく	しっぽく	—
	かやくとじ	X
とんかつ	—	—
	—	かつ

の玉子とじ」と簡潔に答えた。ふだん使いをする客でさえ、なじみのないこともあるようだ。店によっては「しっぽくとじ」もなくはないが、大阪では「かやく（うどん）→かやくとじ（うどん）」となるから、「かやくとじ」は上方共通の呼称なのであろう。

「しっぽく」はあんをまとって「のっぺい」に変化《へんげ》する。玉子をまとえば「かやくとじ」だ。このとき、形態上の変化《へんか》があることに注目されたい。すでにみたとおり、「しっぽく」の上おきは、しいたけ・かまぼこ・板麩・ねぎ・海苔などであった。「のっぺい」も「かやくとじ」も、基本的にかわることはない。具材はもとの形状のまま、あんにつつまれ、玉子でとじられる。

ところが「かやくとじ」には、しいたけ・かまぼこ・板麩・ねぎを薄切り（斜め切り）にして、そして海苔をきざみにかえて、上おきする店もあるのだ。薄切りにされた具材の玉子とじは、それが〈しっぽく〉の変態であることを想起させないくらい、見た目も食感も異にしている。

「のっぺい」と「かやくとじ」、さらには「なべやき」に「にゅうめん」と、華麗なる変化・変態をとげる〈しっぽく〉であるが、では、表7の［X］に当てはまる丼

表8　変態する〈しっぽく〉

志っぽく	しいたけ（丸）、かまぼこ3枚、板麩、えびせん1枚、おぼろ昆布、九条ねぎ（小口切り）、海苔1枚、ゆず2かけ
のっぺ	しいたけ（丸）、かまぼこ3枚、板麩、えびせん1枚、おぼろ昆布、九条ねぎ（小口切り）、海苔1枚、生姜
かやくとじ	しいたけ（薄切り）、かまぼこ（細切り）、板麩（細切り）、えびせん（割られている）、九条ねぎ（斜め切り）、海苔（きざみ）
木の葉丼	しいたけ（薄切り）、かまぼこ（細切り）、板麩（細切り）、えびせん（割られている）、九条ねぎ（斜め切り）、海苔（きざみ）

物の名称はなにか。「かやくとじ」ないし「しっぽくとじ」を入れたくなるが、京都ではもう少し粋な名があたえられている。タヌキが頭にのせて化ける……、といえばおわかりであろう。「きつね」の変化である「たぬき」は、もはやそれ以上に化けることはないはずだ。

[X]につけられた名、それが「木の葉」である。入洛《じゅらく》した観光者を食堂で「衣笠丼」とともに戸惑わせるのは、「木の葉丼」であるにちがいない。「かやくとじ」には形態変化のない場合もあるが、「木の葉丼」の具材はきまって薄切りにされている。

この変化・変態を美しく具現しているのが、ふたたびZ商店街のあの食堂である。いかにも味気のないことを重々承知しつつ、またしても表にまとめてみた（表8）。これだけシンプルに整理されることのうちに、

「〈しっぽく〉の美学」、いや厨房にいるつくり手の美学を感じとることができるはずだ。

「志っぽく」から「のっぺい」へは、薬味がゆずからおろし生姜へと変わる。「志っぽく／のっぺい」から「かやくとじ／木の葉丼」への変態は、しいたけをはじめとする具材の切り方にある。薄切り・細切り・斜め切りにされているから、玉子でとじても食べやすい。とじる際に「えびせん」が割られていることも、なんだかうれしくなる。海苔も小さい一枚ものからきざみへと変わる。

とはいえ、「かやくとじうどん」に「木の葉うどん」までおいている店もあるのだから、ことはそう単純でもない。その一例として、「千成餅食堂」（一条馬代東入ル）の「しっぽくとじ」と「木の葉うどん」を食べくらべてみよう。

しっぽくとじ　しいたけ（薄切り）、かまぼこ（ピンク細切り）、花麩、ねぎ、
白菜、三つ葉、ゆず。

木の葉うどん　しいたけ（薄切り）、かまぼこ（ピンク細切り）、油揚げ（きざ

み)、揚げ玉、ねぎ(斜め切り)、きざみのりを玉子とじ。

この場合、「木の葉うどん」に「きざみ」が入っていることをふまえるならば、「衣笠」と「かやくとじ」をあわせたものとみることもできよう。

さて、最後にもうひとつの謎解きをしておかなくてはなるまい。「木の葉」とはなにか。玉子でかやくをとじたうえに「きざみのり」がこんもりとおかれることから、それを木の葉に見立てることもできなくはない。けれども、「きざみのり」をおかない店もなかにはある。

細切りにされた「かまぼこ」はどうであろうか。焦げ目を模した茶系の「かまぼこ」ならまだしも、主流はピンクである。細切りにされたことで、「しっぽく」では味わえない食感を得ることもできるのだが、木の葉には似つかわしくなかろう。すると、答えはおのずとしぼられてくる。〈しっぽく〉の要にして、ただひとつ、素材に味をしみこませた具。本来はまるごと真ん中におかれるそれが薄切りにされ、バランスよく散らせて玉子でとじられる。そう、薄切りのしいたけこそが木の葉ではあるまいか。

くだんのZ商店街の食堂でこんなことがあった。ふだん、しいたけの薄切りは、ほかの具材ともども玉子でとじられている。ところが、その日は、薄切りにされたしいたけが玉子とじのうえに綺麗におかれていたのだ。そう、まるで枯れ落ちた木の葉のように……。

3　とじなくても美味しいんです

ねぎの切り方

京都食堂のおもな丼物をもういちどならべておこう。

玉子　きつね　衣笠　木の葉　親子　天ぷら（天とじ）肉　カレー　他人　かつ

これら十種類の丼物すべてに共通する唯一の具材が存在する。「きつね丼」と「カレー丼」はとじられないから、玉子ではない。九条ねぎである。幅に大小はあれど斜め切りにするのが基本で、麺類にももちいられる。東京と上方の蕎麦／うどん、あるいは汁のちがいはよく知られているが、このねぎの使われ方もまた根本的に異なるようだ。

医師にして歴史家・評論家でもあった松田《まつだ》道雄《みちお》（一九〇八―一九九八）は幼年期を回顧しながら、九条ねぎにまつわる興味ぶかいエピソードを記している。彼の父は茨城県出身で（長塚節《ながつかたかし》と同窓で交流もあったよし）、京都帝国大学の医科を出て研究所に勤務したのち、市街地の中心部で医院を開業した。以下は、その父が研究所勤務のころのことで、茨城県出身の学生たちが「故郷の雰囲気をもとめて」彼の自宅に集まってきたときの話である。

連中がうちですき焼をやった日のことを母はよく話した。

母がわたしをつれて寺町にでかけた留守にみんながやってきた。割りかんですき焼をすることになった。日が暮れるころ、私たちがかえってくると、台所の土間に、青ねぎが山のようにすててある。奥の間には、七輪をもちこんですき焼がはじまっていた。母がいってみると、青ねぎの根もとの白いところだけが、ざるにいっぱい盛りあげてある。

「京都のねぎは、あおいところも食べられるんですよ」というと、ねぎを買いにいった学生がこたえた。

「そうけ、道理で八百屋の野郎へんな顔してやがった」

東国ではねぎは白いところしか使わない。あおい部分はかたくて食べられないからである。九条ねぎは全部が食べられる。土の質がちがうのだ。そのことを知らないまま学生たちが国にかえって、

「京都じゃ、ねぎのあおいとこまで食うんだぞ」と話したら、聞いた人は京都の人間は東国ですてるものまで食べていると思うだろう。

（松田道雄『花洛——京都追憶』）

南蛮系の蕎麦やすき焼きでは、根深ねぎの白い部分を具にする「東国」に対して、京都では九条ねぎの青い部分を重宝している。九条ねぎの切り方を小口切りと斜め切

りとに大別して麺類を整理したのが、表9である。ここでは、玉子とじ・あんかけ系は省いた。

右列の「斜め切り」は、結果として、「鳥なんば」の系列に属していることがわかる。ねぎの存在が料理名に示されているのは「鳥なんば」のみであるが、その他は鶏肉と入れ替わるにすぎない。店によって名称を異にするが、「とりもち」は「鳥なんば＋もち」である。

次いで「小口切り」の列に移ろう。例によってZ商店街の食堂のメニュであるのだが、適宜、その他の店舗の上おきも参考にする。当然、すべての麺の上おきに小口切りの九条ねぎがふくまれる。このうち、具材のもっとも少ない一品がなんであるか、おわかりであろうか。「うどん／そば」と即答したくなるところであるが、このように問うている時点で、それはない。意外に思われるかもしれないが、「にしん」である。ねぎのほかに、煮《た》いた身欠きにしんの一切れしか入らないのだから。ただし、「満寿

表9　ねぎの切り方

小口切り	斜め切り
うどん・そば	きつね
昆布	鳥なんば
もち	天ぷら
梅	肉
しっぽく	とりもち
にしん	

家」には「にしんとじ」もメニゥにのぼるが、これは例外である。「うどん／そば」には「かまぼこ」（ピンク）一枚と海苔一枚とがのせられる。「昆布」になると、かまぼこ（ピンク）が二枚にふえ、海苔は同じく一枚、そこにおぼろ昆布がくわわる。おぼろ昆布に代えて焼き餅が入れば「もち」、「昆布」に梅干しとしそをたせば「梅」となる。これらからすると、「かまぼこ」（ピンク）三枚に、海苔、おぼろ昆布、板麩、えびせん、そして「しいたけ」にゆず二かけののる「志っぽく」は、いかにも華やかだ。

食堂でお月見を

こうしてみると、ねぎの小口切りを基本とする麺類には、簡単な算数が通用しそうだ。あくまで概算だが、

「うどん」＋おぼろ昆布＝「昆布」
「うどん」＋焼き餅＝「もち」

「昆布」＋梅干し・しそ＝「梅」

となるだろう。「志っぽく」は華やかに過ぎて次元も異なるのだが、いちばんシンプルな足し算としては、「昆布」＋板麩・えびせん・しいたけ・ゆず＝かけか。「志っぽく」に輪をかけて豪華な「なべやき」については第2章でみた。鶏肉にえび天までもが足されて、九条ねぎは斜め切りになる。つまるところ「なべやき」の豪華さは、「しっぽく」系（ねぎ小口切り）と「なんば」系の画然たる領域を越境して掛け合わされるところにある。しかも、そこには生で落とされて若干白身の固まった卵までもがくわわる。とじなくても美味しい麺類の極致、とまでいったら言い過ぎであろうか。だが、質素な上おきにも美は宿る。卵黄を月に、卵白を雲に見立てた麺上の美学。この月がひときわ映えるのは、まちがいなく江戸・東京の蕎麦であろうが、京都食堂でお月見を愉しむこともむつかしくはない。

京都の「月見」のねぎは、きまって小口切りだ。したがって、ここにも簡単な足し算が成立する。

「うどん」＋生卵＝「月見」

「月見」の基本は「ねぎ（小口切り）＋かまぼこ＋海苔」である。海苔は四角くカットされたものもあれば、きざみもある。ゆず皮を入れるところもあるので、ねぎを小口切りにする「しっぽく」系の麵類ということになる（図8）。

玉子でとじる麵類はどこの店にもあるのだが、殻を割って生卵を落とすだけのメニゥを用意している店はおもいのほか少ない。「言ってくれればなんにでもおとしますよ」というのが実態ではあるが、どうやら「月見」は京都にあって孤《こ》塁《るい》をまもる希少種のようなのだ。機会あらば、ぜひ京都食堂でお月見を愉しんでみてほしい。店によっては「おぼろ月」を味わうこともできます。

図8　月見の上おき

4 「あんかけ」をご存じですか？

出汁を食べる

京都食堂には、「にしんそば」よりもシンプルな麺類が存在する。「あんかけ」である。

具をあんで綴じてかける料理が多々あるなかで、食堂の「あんかけ」は片栗粉を出汁にといてあんにしたものを丼麺にかけ、真ん中に薬味のおろし生姜をそえるだけ。ねぎさえ入らないのだから、質朴きわまりない一杯となる。

麺をすするたびに、すりおろされた生姜が少しずつあんのなかにひろがり、香りをましていく。あんは保温性が高いうえに、生姜の効能もあいまって、底冷えする冬にはもちろんのこと、高温多湿の夏季にも汗をふきふきおいしくいただくことができる。

『小林カツ代伝』のなかで著者の中原一歩は、小林カツ代にすすめられた「あんかけうどん」に関して「出汁を食べる」と表現しているが、まったくもってそのとおり。大阪のみならず、京都でもたいへん好まれている、否、京都の〈あんかけ〉好きは大阪以上かもしれない。

あんの硬さゆるさは店によって、あるいは同じ店でも日によって異なるものの、なんでもかんでも「あんかけ」にするというわけではない。天ぷらのあんかけである「天あんうどん」や「牛すじあんかけうどん」など、その店にしかない創作系あんかけメニゥもあるにはあるが、ノーマルな出汁や玉子とじ系の麵類にくらべて、種類は格段に少なくなる。基本は、あんかけ、たぬき、けいらん、のっぺい、そしてカレーの五種類に過ぎない。

それは玉子とじなのか?

第1章でみたように、「きつね」をあんかけにしたのが「たぬき」である。東京はもちろん、大阪とも同名異麵であるためか、店によってはメニゥに「あんかけきつね」や「油あげ入りあんかけ」などと説明がなされているところも面白い。

「けいらん」は、京都食堂にあって、もっとも特色あるあんかけの一品といえるだろう。品名が漢字で書かれることは皆無であるが、その音韻から想像されるように「鶏卵」である。鶏卵を使った麺料理ということはわかるものの、あまりにストレートな名称だけに、かえって違和を感じるかもしれない。第２章で引いた『守貞謾稿』の「京坂〔京阪〕の温飩屋」のメニゥにも掲載されているのだから、少なくとも二百年近く前には麺料理として成立していたのだろう。

注目しておきたいのは、「江戸の蕎麦屋」との呼称のちがいである。

京坂　鶏卵　温飩の卵とじなり。

江戸　玉子とじ　鶏卵とじなり。

現在も東京の蕎麦屋に「けいらん」がない一方で、京都には「けいらん」も「玉子とじ」もある。

「けいらん（鶏卵）」からは、月見とも玉子とじともちがう印象を受けるものの、それがあんかけであるとまでは想像できまい。そのためか、「あんかけの玉子とじ」や「卵とじあんかけ」などと、品書きを補足している店もみられる。

たしかに、『大阪方言事典』でも「ケェラン〔鶏卵《けいらん》〕（名）」として、

うどんの汁に葛をひき、鶏卵を溶いて混ぜたもの。すなはち、うどんのたまごとぢである。

と説明されているのだが、はたしてこうした説明だけで丼のなかのイメージが十分につたわるだろうか。

宇佐美辰一の解説は、多少なりともわかりやすい。

葛あん仕立てにした卵とじうどんです。葛は愛媛県佐田《さだ》岬産のものを使うております。とろみのついただしに卵をうまくとじさせるコツは、卵の溶き方にあります。

普通の卵とじでは二、三回卵を溶きますが、この場合は卵がなれやかになるよ

う十回位溶き、鍋の中には箸の先からポトポトと落としますと、葛あんの中にフワッと卵が浮き上がってくるんです。

（『きつねうどん口伝』）

いまでは葛をつかう店などほとんどなかろうが、ねばりのある出汁のなかで花開くような薄黄のひろがるさまが目に浮かぶようだ。とはいえ、ここでもまた「卵とじ」とされている……。

「たまごとじ」とは本来「たまご綴」であり、煮《た》いた肉や野菜にとき玉子をかけて綴じるように包み込む料理をさす。上方の「けいらん」はふるくから「玉子とじ」として説明されてきたものの、やはり「とじ」に当たるとはいえないだろう。

要するに「けいらん」とは、といた（かきまぜた）玉子をあんのなかへ流し入れる、あんかけ仕立ての「かき玉」なのだ。東京の蕎麦屋では、［室町 砂場］などのように、やはりあんかけにした「かき玉うどん」がメニゥにのぼる。

このようにみてくると、『守貞謾稿』の「鶏卵」も江戸の「玉子とじ」とは異なり、すでに葛を入れていた可能性もある。

「たぬき」にあらず

映画監督の吉村公三郎が、あんかけ系のうどんに関するとても興味ぶかいエピソードを紹介している（『京の路地裏』）。昭和二十三（一九四八）年、『毎日新聞』朝刊に『帰郷』を連載していた大佛次郎《おさらぎじろう》は、取材のために京都へとしばしば足を運んでいた。吉村が《祇園町》の芸妓に聞いたところでは、大佛は主人公である守屋恭吾の昼食に「とくに京都らしいものを食べさせ」ようと、その芸妓（当時は舞妓）に何がよいかを尋ね、次のようなやり取りがなされたという。

「先生、ほんならたぬきうどんにおしやしたらどうどす」

「たぬきうどん」

「へえ、たぬきどす。うちがお客さんに連れてもろて東京へ行ったとき、お蕎麦屋さんへ入って、たぬきうどんをよばれたい思うて注文したら、お蕎麦のかけにネギと天かすだけが入ってまっしゃん。えらい違いどす。京都でたぬきちゅーたら、おかめうどんにアンのかかったみたいなもんどす。これにおしやしたらどうどす」

（吉村公三郎『京の路地裏』）

その後日談として吉村は芸妓から、「大佛先生、うちのいうた通り、たぬきを食べるようにお書きやした。そやけどこれは冬のもんで真夏のもんではおへん。ちいさいうどん屋はんは夏になったらたいがい、氷屋になってしもって、そんな熱つあつのもんは食べさせへんはずどす」というイケズな話を聞き書きするのだが、守屋恭吾は「うどん屋」でうどんをすするような人物としては描かれていないし、実際にそのようなシーンも作中に見当たらない。つくり話とも思えないのだが、これはどうしたことであろうか……。

引用文にもどり、ここで問題にしたいのは、もちろん「たぬき」である。

小林カツ代と同じく舞妓が東京の蕎麦屋で驚かされた「たぬき」は理解できる。京阪でいうところの、ハイカラそばが出されたのだ。問題は、「京都でたぬきちゅーたら、おかめうどんにアンのかかったみたいなもんどす」のほうで、当然そんなはずはない。「京都でたぬきちゅーたら、きつねうどんにアンのかかったもんどす」という京都の食文化になじんでいるはずの芸妓が、このような間違いを犯すことなどありえまい。

吉村の聞き書きは、次のようにつづく。

「そいで何かいな、そのこと大佛先生にいうてあげへんかったのかいな？」とそばの老妓にいわれ

「へえ、きかはらしまへんさかい、いわしまへん」「イケズのひとやなあ」

といわれ、彼女はさも愉快そうにケラケラ笑っている。（同前）

彼はこれを聞いて「無邪気な悪戯《わるさ》」などといっているものの、芸妓のほうが一枚も二枚も上手とみるべきか、それとも彼自身もまた「イケズのひと」なのだろうか。

つまり、芸妓は吉村が知らないのをいいことに「偽たぬき」を説明しているのか、それとも吉村は「たぬき」の正体を知ったうえであえて文章にしているのか……。

「京都の素うどんもキツネうどんもしっぽく（おかめそばのようなぐをのせたうどんかけ）も」と説明する彼が、たぬきを知らぬはずはない。キツネとタヌキのばかし合い

のような会話を、ひそかに吉村自身も愉しんでいるかのようだ。

第2章で瞥見《べっけん》したとおり、「おかめ」は「しっぽく」の後継であった。偽たぬきの正体は明らかである。「おかめうどんにアンのかかったみたいなもん」、すなわち「しっぽく」のあんかけ、それは京都で「のっぺい」と呼ばれている。

夏の涼味

北大路通に面した［相生餅］の品書きには、「のっぺい（志っぽくのあんかけ）」とある。同じ餅系食堂でも、五条坂の［力餅食堂］は、「かまぼこ、しいたけ、ゆば、ほうれん草、板ふ入あんかけ」と説明する。しっぽくにはほうれん草が入らず、代えて小さな海苔がのせられることから、あえて丁寧に説明しているのだろう。このような例外はあるものの、基本的にしっぽくを供する店にはのっぺいがあるものとみてよい。

ここで、前項にひきつづき『守貞謾稿』を思い出してほしい。

しっぽく　温飯〔飩〕の上に焼鶏卵・蒲鉾・椎茸・くわひの類を加ふ。
あん平《ぺぃ》　右に同じくこれを加ふ。葛醬油をかけるなり。

そこには「のっぺい」でなく、「あん平」なるものが並列されていた。なるほど、時代とともに「あんぺい」から「のっぺい」に呼び方が変わったのか……と早合点するわけにはいかない。というのも、大阪にはまったく別様の「あんぺい」が存在するからだ。

「アンペエ《ママ》（名）」……又ハンペンともいふ。蒲鉾の身を焼かずに、平たい丸形につくったもの。主として夏の食物で、蒲鉾屋の店頭に、きれいな水を湛へた容器の中に、この直径三寸ばかりの白く丸いアンペィが浮いてゐるのは涼味をそそったものである。これに生姜を添へ、葛醬油をかけて食べ、あるいは葛汁に浮かせて、あんぺい汁といった。

このアンペィを羊羹の薄いやうな形につくり、蒲鉾板につけたものを、しんじやうといふ。やはり夏のものである。また、アンペィを胡麻油揚げとしたものを、テンプラといふ。

アンペィは、安平の字を当ててゐるが、餡餅であらうといはれる。その白く丸い形が餡入りの餅（大福餅の一種）に似てゐるところから名づけられたものといふのであるが、これを作るのに、平たい椀の蓋に磨《す》り身を入れて量をはかり、円形のものとするところから見て、半平を名としたのではなからうかとも考へられる〔。〕

（牧村史陽編『大阪方言事典』）

本筋から脱線したわけではないものの、わたしたちは大阪の多様なるかまぼこ文化の世界にたどりついてしまったようだ。ハモなどの身をゆで上げるという点で、たしかに東京のはんぺんの仲間ということになるのだが、関西では涼感をさそう夏の食味である。「しっぽくのあんかけ」とは似ても似つかぬが、「生姜を添へ」、なおかつ「葛醬油をかけ」るという点では、類縁性が感じられないわけでもない。

のっぺいの謎

他方、「のっぺい」と聞けば、麺類よりもむしろ汁が思い浮かぶのではないだろうか。

鍋にだし汁、酒大さじ1、鶏肉を入れて中火にかけます。沸騰したらあくをとり、残りの材料を入れます。再沸騰したら弱火にします。ふきこぼれやすいため、フタはずらします。弱火で25〜30分、野菜が軟らかくなるまで煮ます。しょうゆ大さじ1、塩少々で味をととのえます。

（『朝日新聞』二〇二一年一〇月二五日）

これは新聞の料理メモに料理研究家の渡辺あきこが紹介した「のっぺい汁」のつくり方の一部である。材料には大根、にんじん、ごぼう、そしてさといもといった根菜類、さらにはこんにゃくとしいたけも入ることから、具だくさんの野菜汁といってよい。だが、これは欠くべからざる仕上げの工程を欠いているようにみえる。本来、

「ノッペェ汁」とは、「豆腐・にんじん・大根・ごぼう・こんにゃく・油揚げなどをそれぞれ刻み、汁に煮て葛粉を加へたもの」なのだから（牧村史陽編『大阪方言事典』）。本山荻舟《もとやまてきしゅう》によると、「以前は原則として鳥の料理であったのが、簡素化」して一般に普及し、家庭料理になったのだという。簡素化したとはいえ、最後にはやはり「水ときした小麦粉またはクズ粉を流し入れて一たぎりさせる」ことで仕上げるのが「のっぺい汁」だ。すると、渡辺あきこの料理法はさらに簡素化していることになるのだが、はたしてそれを「のっぺい汁」と呼んでよいのかどうか……。

ところが、である。大久保恒次は、奈良の春日若宮おん祭にふれながら、次のように記した。

> 戦前は、奈良の町の中の餅飯殿（もちいどの）という所に、大宿所（おおじゅくしょ・祭の準備をする所）に、キジ・カモ・シオ鮭などのお供え物が、ところせましと掛けつらねられて食欲をそそられたものである。そして当日、『のっぺい』を食べるのが、奈良のならわしである。…〔略〕…
>
> 奈良の御祭の『のっぺい』は、どこでもするように、芋・大根・油揚げなどを

煮込んだもので、葛をひいた汁をかける家と、そうしないで、おでん煮込式にする家とあるが、大体において汁をかけない煮込そのままのを『のっぺい』とよんで、御祭の日の食べ物としている。（大久保恒次『続うまいもん巡礼』）

祭礼にあわせてのっぺい汁を食するというのだが、中略した箇所には味付けした鴨肉にどろりとさせた出汁をかけて食べる「のっぺいとう」なる料理への言及がある。大久保の解釈はこうだ。大宿所で吊るされた雉《きじ》や鴨をみてから家で汁を食する風習は、中国に由来するであろう大陸的な「のっぺいとう」が肉とあんかけ汁とに分離して土着化し、汁は「のっぺい」と称されるようになったのだ、と。

食文化の悠久を感じさせる歴史的イマジネーションであるが、これでもまだ麺類にはいたらない。再び『大阪方言事典』によると、「ノッペェ」は「ノッペェ汁」の略語であるとともに、「あんかけうどん」をも意味する語である。本山荻舟が「能平」ないし「濃餅」という漢字をあてている一方で、『大阪方言事典』では「ヌメラ〔滑〕の転じた語」であるとして、その転形過程を「ヌメラ→ノメラ→ノッペラ→ノッペェ」と説明する。ドロドロというよりは、ツルンとした語感であるのだが、「あんかけうどん」という簡潔な語義からは、上おきのイメージがまったくわいてこない。しかも現在、大阪の食堂で「のっぺい」をみることはまずない。

〈しっぽく〉のあんかけがなにゆえ〈のっぺい〉なのか……、謎のままだ。

第4章　食堂と町中華の不思議

1　どこでも〈中華そば〉

スバといなり

「沖縄そばのことをスバという」（外間守善『沖縄の食文化』）。いまはどの店の看板も「沖縄そば」となっているが、ときおり「すば」の文字をみかけることもある。琉球文化の研究者である外間守善《ほかましゅぜん》（一九二四―二〇一二）は、幼少期をふりかえり、当時の「スバ屋」の「スバの上にはカマブク、三枚肉、赤ソーガー（紅生姜）、ねぎなどがのっていた」と記す。

また、元来は家庭料理であったといい、その作り方と特色を次のように解説した。

スバは茹で上げるとすぐに豚脂をまぶしておく。汁は豚骨と鰹節でだしをとるのだが、余計な脂を丹念に取り除いて最後には上澄みのような透明なスープとなる。だしの味がよくわかるような薄い塩味のスープにビラ（万能ねぎのような細ねぎ）と三枚肉を二、三枚添える。特有の香りは、麺がアク汁で練られていること、そして、豚脂をまぶしてあることから生まれる。

図9　沖縄そばの上おき

現在の「沖縄そば屋」で供される「沖縄そば」も、上おきの基本はかわらない。棒状の島かまぼこを斜めに薄く切って二、三枚、三枚肉も二、三枚、そして小口切りのねぎがおかれ、紅生姜《べにしようが》は別添えにされることが多い（図9）。上おきをアレンジする店も一般的となり、メニュには「ソーキそば」、「野菜そば」、そして「ゆし豆腐そば」などが並ぶ。沖縄の「かやくごはん」ともいうべき、「じゅーしー」がセットになることもある。

作り方や特色に関してはさまざまに語り尽くされていると思われるが、外間の回想記で興味をひかれるのは、

「沖縄ではスバにはなぜかいなり寿司がつきものだ」という一文である。このほかにも一か所、「幼い頃はスバにはいなり寿司がつきものであった」とあるので、よほど印象に残っていたのだろう。現在も、すべての店で常備されているわけではないものの、じゅーしーとともにサイドメニゥのひとつである。

さて、京都の「沖縄そば 次点」でも沖縄そばといなりをセットにすることができる。わたしたちの食した沖縄のいなりが俵型であるのに対して（たとえば那覇市美栄《みえ》橋《ばし》の「やまや」）、ここ京都では三角形となり、「沖縄そば 次点」もまた三角形だ。「麺類＋いなり」という組み合わせでほかに思い浮かぶのは、愛媛県松山市の目抜き通り大街道《おおかいどう》の裏路地に位置する「ことり」と「アサヒ」である。どちらも「鍋焼うどん」の専門店で、両者ともにいなり寿司を供している。

京都食堂では豊富な麺類と自在にいなりをあわせることができる。中華そばとて例外ではない。わら天神前の「大力餅《だいりきもち》」は、正午をまたずにいなりが売り切れることもある人気店であるが、店内ではこれまた人気の中華そばにいなりをあわせるご高齢の客をしばしばみかける。また、妙心寺の近傍に位置する「大力《だいりき》食堂」の「日替り定食」が、「野菜ラーメン いなり2個」という日もあった。

かまぼこはあるやなしや

いささか脱線気味になってしまったが、本節を沖縄そばの紹介からはじめたのはほかでもない、京都食堂の〈中華そば〉と上おきが類似し、なおかつ「いなり」ともセットになる点が共通しているからだ。京都では、食堂ならばどこでも〈中華そば〉をおいている。メニゥに〈中華そば〉のない店をみたことがない、といっても過言ではない。そして、どこでも人気がある。新進のラーメン専門店が増えつづけているなかで、それでもなお人は食堂の〈中華そば〉をもとめつづけるのだ。

ご当地ラーメンもあまたあるなかで、一般的に〈中華そば〉といえば、かんすいのきいた光沢のある黄色いちぢれ麵を台として、脂分をたぶんにふくんだチャーシュー（あるいは焼き豚）、細長い茶色のメンマ、そしてピンク色の渦を巻くナルトが上おきされて、小口切りのねぎがおかれる（散らす店もある）、そんな一杯がイメージされるだろうか。

茶色を基調とする〈中華そば〉にあって、アイキャッチとなるのはやさしいピンク色と白色のナルトである。東京は東銀座の老舗［萬福］の「中華そば」は独特で、麺上で頂きをなすナルトのとなりに、三角形の薄焼き玉子が添えられる。ナルトに玉子の黄があいまって、じつに色鮮やかだ。一部の京都食堂にみられる〈しっぽく〉を思わせるが、丸太町河原町東入ルの［初音］の中華そばにも、長方形の長辺を斜めに切った台形の玉子が入る。が、ナルトはない。否、京都食堂の〈中華そば〉にナルトが入ることはほとんどなく、かわってピンク色のかまぼこが好まれる。

かつては「支那そば」と称された沖縄そばの三枚肉をチャーシューに、島かまぼこの薄切りをピンクのかまぼこにかえてねぎを散らせば、京都の中華そばの上おきとなる。台（沖縄そば／中華麵）はずいぶんとおもむきを異にするが、出汁のきいたスープは共通する。

ナルトやかまぼこを添える中華そばは各地にみられるものの、［新福菜館本店］、［本家 第一旭 本店］、［天天有本店］、［天下一品総本店］、［親爺］といった、京都の歴史ある人気ラーメン店で水産練製品が入ることはない。京都のラーメン店と食堂の双方で、チャーシュー、ねぎ、もやし、メンマは共通しているだけに（食堂ではもやし／メンマが入らないこともある）、食堂の〈中華そば〉の特色はピンクのかまぼこにあるといってよい。

そして、小口切りの九条ねぎにかまぼことくれば、そう、第3章の算数が思い出されるはずだ。シンプルな（素）うどん／そば、そして月見に共通する上おきの基本を、すべての店ではないにせよ、〈中華そば〉もまた踏襲しているのである。食文化史研究の泰斗、岡田哲《おかだてつ》の言葉を借りるならば、「日本そばの種物の上置の思想そのまま」なのだ（『ラーメンの誕生』）。

光沢も、つるんとした食感もない、長いストレートの細麺は、出汁のきいたやさしい味わいのスープとじつによくマッチしており、京都食堂に欠くべからざる麺料理として、文字どおり華を添えている。そして、この中華麺は丼のなかに別世界を生み出しもする。

2 〈ちゃんぽん〉とりどり

丼のなかの別世界

うどんからはじまる食堂のメニゥを順番に目で追っていくと、たいていのところ「中華そば」は麵類のおわりのほうで登場する。そして、その並びに「ちゃんぽん」がある店も少なくない。中華そばとはちがい、どの店にもあるわけではないぶん、店の個性がきわだつ一品になるかと思いきや、意外にも共通点のほうが多いようだ。

〈ちゃんぽん〉と聞けば、まず長崎ちゃんぽんを思い浮かべるだろうか。ほかにも、愛媛県の八幡浜《やわたはま》をはじめとして全国に分布しており、おとなりの滋賀県にも「近江《おうみ》ちゃんぽん」が存在する。

『大阪方言事典』によると、「チャンポン」とは「まぜこじゃ。あれとこれと、交互にまじりあふこと」を意味するというので、少なくとも大阪では麺類を指す語句ではなかった。このあとにみるように、京都には昭和戦前期の段階で長崎料理が持ち込まれて、すでに「ちゃんぽん」を供する店もあったが、現在の「ちゃんぽん」は似て非なるものといってよい。それがいかなる麺料理なのか、具体例を挙げて説明してみよう。

たとえば、とある餅系食堂のちゃんぽんには、にんじん、ねぎ、たまねぎ、もやし、きゃべつ、わかめ、きくらげ、豚肉、薄くスライスされたさつまあげ（揚げかまぼご）、そしてピンク色のかまぼこと、さまざまな具が入る。その豊富なことには〈しっぽく〉とて及びもつかない。どこの店でも豚肉は必須、ピンク色のかまぼことさつまあげ、そしてきくらげもほぼ入り、くわえて四種類前後の野菜がつねにもちいられる。ほかの麺類ではまったくといってよいほど使われることのない豚肉・さつまあげ・きくらげが不可欠の具となるところに、〈ちゃんぽん〉の際立つ特色がみいだされる。そしてもうひとつ、やはりほかの麺類・丼物にはけっしてもちいられることのない根菜が、麺上をいろどるアクセントとなっている。千切りにされたにんじんのオレンジ色だ。

〈しっぽく〉の美しさが上おきの洗練された布置にあるとするならば、〈ちゃんぽん〉の魅力はほかの麺類・丼物にはみられない、オレンジ色をふくむ「まぜこじゃ」の妙趣にあるといえるかもしれない。

じつのところ、近江のちゃんぽんの具材も、京都のそれとさしてかわりはない。滋賀県内を中心に店舗展開している［ちゃんぽん亭］の「近江ちゃんぽん」を例にとるならば、ねぎ、もやし、きゃべつ、きくらげ、豚肉、そしてピンク色のかまぼことなる。だが、両者を食べくらべると、決定的なちがいのあることに気づかされるだろう。［ちゃんぽん亭］は「黄金だし」と称される透明なスープであるのに対して、京都食堂のそれは白濁しているのだ（やや茶色がかっている）。

白濁したスープに中華麵、豚肉と水産練製品をくわえたもりだくさんの上おき。京都食堂のメニュではほかに類をみない、丼のなかの別世界がそこにある。

昭和京都の「チヤンポン丼」

木屋町四条を下るとすぐ「小鳥グリル」の看板が目につく、フランス風洋食が専門…〔略〕…、小さいながら現在のグリルを初めてから五年になる…〔略〕…。ビーフカツ、チキン・マリラン、ミックス・サラダこの三つがおやぢ自慢の三幅対だ、それからチヤンポン丼といふ名物がある。広東料理の変形で、長崎風のもの《ママ》麺類に季節ものを多種多様カヤクにしたものである。お国料理を慕つて長崎県人の押しかけるもの日に十人を下らずといふ勢である。近々皿うどん（チヤンポンの汁のないもので油で焚いてソースをかける）を作るさうである。兎に角洋食通の一度は試食してみてよい所だ。

（山川美久味「味と気分を訪ねて」）

昭和初期に開業した「小鳥グリル」は、フランス風洋食の専門店でありながら、「チヤンポン丼」に「皿うどん」までも供していた。「チヤンポン丼」という名称からはどんぶり飯のように聞こえるが、つづく「広東料理の変形で、長崎風のもの《ママ》麺類に季節ものを多種多様カヤクにしたもの」という一文を読むと、それが現今の長崎名物「ちゃんぽん」であることはあきらかだ。

「長崎風の麺類」とは、長崎でちゃんぽんや皿うどんにもちいられる、太い中華麺（いわゆる「ちゃんぽん麺」）を指すのだろう。スープの特徴までは記されていないものの、多種多様な季節の具材を上おき（かやく）にしていたという点は現在にも通じるし、皿うどんにソースをかける光景は、今も長崎の中華料理屋ではよくみられる。多少の誇張もあろうが、郷里の料理を懐慕《かいぼ》して集う客は日に十人をくだらなかったといい、新しいもの好きの京都人も舌鼓を打ったにちがいない。

長崎憧憬

京都について語る前に、本場長崎のちゃんぽんを食しておくべく、三つの店をおとずれた。最初に向かったのは旧県庁下の江戸町にある［群来軒］。ふだん使いの客も「ちゃんぽん」を注文する人気店である。具材は、きゃべつ、もやし、かまぼこがメインで、ねぎとたまねぎ、えびとちくわ、そして豚肉が少し入る。クリーミーな白濁した豚骨スープは、胡椒をきかせているためか、やや茶色がかっている。きゃべつの薄緑、かまぼこの白とピンクがじつによく映える。地元で「かんぼこ」と呼ばれ親しまれているかまぼこは、京都のかまぼこよりも柔らかい質感であった。

次いで、長崎市民劇場近くの中華飯店［三吉］へ。カウンター席だけのせまい店内には、著名人のサインした色紙が壁にびっしりと貼られている。この店の「ちゃんぽん」も、やはり白濁した豚骨スープであるのだが、「群来軒」にくらべると、じつにあっさりとしており、太い麺がするすると喉をとおっていく。色紙の一枚にちゃんぽんを称賛する「絶妙」という文字をみた気がするのだが、まったくもってそのとおり。飽きのこないおいしさである。

そして最後にもう一軒、大衆食堂「あじ盛」で「ちゃんぽん」を。ここは、朝から揚げ物や刺身で一杯やることのできる、酒徒の楽園のような食堂で、客は一品料理や麺類・飯類を思い思いに取り合わせて呑んでいる。

しめにすすった「ちゃんぽん」は、スープはクリーミーで、麺は通常よりもやや太めに感じられ、具材にさつまあげとあさりもふくまれていたのだが、なによりも目をひかれたのは器である。一般的な丼ではなく、高台の丸く浅い麺皿であったからだ。そのためスープの量は少なく、汁そばというよりも、第2章で多田鐵之助が「大盤に細織した麺条が盛られて、種々の菜肉が上置にされた」と説明する〈しっぽく〉がおもわず想起されるのだった。

本場を訪れて気づかされるのは、きゃべつともやしを中心とした野菜、あざやかなピンク色のかまぼこ、さらには豚肉をも具材とする京都〈ちゃんぽん〉が、あきらかに長崎を模倣しているということだ。たとえ無意識裡であったとしても、白濁したスープこそがルーツたる長崎への志向を具現している。

とはいえ、本場とは似て非なるものであることもたしかである。京都の〈ちゃんぽん〉は、白濁しているとはいえ豚骨のクリーミーなスープではないし、麵も専用のものではなく中華そばと同じ中華麵（黄そば）がもちいられる。台も、そしてスープも、まったく別ものなのだ。どちらも野菜がメインであるものの、盛り付け方をみると、そのちがいは一目瞭然、長崎には到底かなわない。

具もこまかくみると、長崎ではえびやいかなどの魚介類が好まれるが、京都では例外的で、入る場合でもおまけにすぎない。さらに注目すべきは、さつまあげであろうか。長崎ではあまり存在感がないものの、薄切りにされたさつまあげ（揚げかまぼこ）は、京都〈ちゃんぽん〉必須の具となっている。長崎由来の〈ちゃんぽん〉にさつま（薩摩）をくわえる心性も、食堂で麵をすすればなんとなく腑《ふ》に落ちる。

京都食堂の丼に別世界が出現するのは、起源たるかの地への憧憬ゆえのことなのであろう。

〈中華〉と〈和風〉

中国の「面条《ミエンテイアオ》」に類する「蕎麦」を名称に取り込んだのが「支那そば」で、いまやそれは「中華そば」としてすっかり定着している。この中華そばが〈中華〉と冠されることを疑問におもう客はおそらくいまい。

ところが、同じ中華麵を台とする〈ちゃんぽん〉では、いささか事情が異なってくる。たんにカタカナでチャンポンと表記されることもあるといった問題ではなく、〈中華〉なのか、それとも〈和風〉なのかをめぐる位置づけがさだまらないのだ。

たとえば、「そば処　更科」（大宮姉小路）のメニゥをみると、「中華の部」としてただひとつ「チャンポン」がおかれている。具は、にんじんをはじめとする野菜にわかめ、きくらげ、豚肉、さつまあげ、そしてピンク色のかまぼこなので、特段、食堂のちゃんぽんとかわりはなく、スープも白濁している。ここの蕎麦はいかにも更科らしく白いので、一瞬チャンポンの麵も蕎麦と見紛うが、胡椒をふりかけていざ麵に箸を通せば、これも定番の中華そばがからまってきた。うどんも出しはするが「そば処」

を掲げる店だけに、あえて「中華の部」としているのだろう。［河道屋支店 河久］（錦小路西洞院西入ル）には、蕎麦屋としてはめずらしく「中華そば」があるものの、ほかの麺類ととくに区別されてはいない。「中華の部」で「中華そば」ならばまだわかるのだが、なにゆえチャンポンなのか、かえって不思議な気もしなくはない。

他方、わたしたちが食べ歩いたなかで、ちゃんぽんに〈和風〉を冠している店は五軒あった（［べんけい］立命館大学衣笠キャンパス東門など）。三軒に一軒程度ということになる。

少し遠回りをして、まずは尼崎市の阪急塚口駅前にある［ちから餅］の「和風ちゃんぽんうどん」を取り上げてみよう。メニゥに「たっぷり野菜エビ入り」と記されているとおり、にんじん（いちょう切り）、ねぎ（斜め切り）、きゃべつ、はくさい、大根（いちょう切り）、豚肉、えび、ゆで卵（輪切り）からなる豪華な上おきである。輪切りにされたゆで卵の黄身がアイキャッチとなるのだが、実際に食べてみると、いちょう切りにされた「たっぷり」の大根のほうが強く印象に残った。そしてなによりも、スープがうどん出汁であるからして、〈和風〉を冠する食味が十分に得られるのだ。

ひるがえって、京都食堂の〈和風〉はどうであろうか。

［大力餅］（百万遍）にんじん、たまねぎ、もやし、きゃべつ、かまぼこ（ピンク）一枚、さつまあげ、きくらげ、豚肉。白濁したスープ。

［力餅食堂］（鞍馬口室町西入ル）にんじん、たまねぎ、きゃべつ、かまぼこ（ピンク）一枚、さつまあげ、きくらげ、豚肉。白濁したスープ。

前者の品書きは「和風ちゃんぽん」で、後者はただの「ちゃんぽん」である。もちろん店によって多少の異同はあるものの、この両者のちがいはもやしの有無にしかない。まったくもって大同小異、〈和風〉と〈中華〉を分け隔てる境界線はみあたらない。

製麵所が作成したものであろうか。店によっては「和風ちゃんぽん」とプリントされたカラーの大型短冊（ちゃんぽんの写真も掲載されている）が貼られているので、ジャンルとして確立されていることはたしかなようだが、やはりなにをもって〈和風〉としているのかはさだかでない。

さらに、ひとつの食堂のなかで〈和風〉と〈中華〉とをとりそろえているところもある。一条馬代東入ルの［千成餅食堂］では、「和風ちゃんぽん」と「中華丼」の双方がメニゥに掲げられている。もちろん「中華そば」もある。「ちゃんぽんうどん」には〈和風〉とつかない。

ここ［千成餅食堂］の「和風ちゃんぽん」には、ほかではみられない特色がある。具材は、にんじん、ねぎ、たまねぎ、きゃべつ、きくらげ、さつまあげ、ピンク色のかまぼこに豚肉で、やや茶色がかった白濁したスープも他店とさして変わらない。ところが、麺をひと口すすって驚かされるのは、スープがとろみをおびていることだ。町中華の〈チャンポン〉にはあんかけが多いことについてはこのあとで述べるが、白濁スープが主流の食堂であんかけにする店は［千成餅食堂］のほかにない。

食堂のちゃんぽんとも、そして町中華のそれとももちがい、白濁したとろみのあるスープがからむ細い中華麵には、ほかでは味わえない独特のおいしさがある。酢がそえられることもうれしく、好みに応じてたらせば味の変化を愉しむこともできよう。こうなると、やっぱり〈中華〉ではないかと思えてしまうのだが……。

他方の「中華丼」はどうか。じつのところ、こちらはどんぶり飯のうえに「和風ちゃんぽん」とまったく同じ具材があんかけにしてのせられている。あんの色が多少濃くみえるのは、中華スープをベースにしているからであろう。「和風ちゃんぽん」と「中華丼」をふたつ同時に注文して並べてみても、すぐには区別がつかない。どちらも酢がそえられる。京都食堂の〈中華〉と〈和風〉は、とても親和的な関係にあるのだった。

3　〈あんかけ〉の都

[龍鳳]の品書き

町中華がブームである。テレビ番組でもよく取り上げられているし、ローカル誌で特集されることもしばしばだ。火付け役となったのは町中華探検隊『町中華とはなんだ――昭和の味を食べに行こう』(二〇一六年、二〇一八年に文庫化)で、隊長の北尾トロの著作『夕陽に赤い町中華』によると「町中華」とは「どこの町にでも一軒や二軒はある大衆的な中華の店」である。細かな定義をくわえることもできようが、京都の場合、メニゥに焼き餃子のある店は町中華的、さらにニラレバを出す店は町中華そのものといいえそうな気もするが、どうであろうか。当然、コース料理などはない。

姜尚美《かんさんみ》の名著『京都の中華』には、まさに「京都の中華」としか呼びようのない名店の数々が並ぶなかで、店主のことばを引きつつ簡単にふれられた広東料理の「龍鳳」は、町中華のひとつに数えてよいだろう。

同書で紹介されるように、店のあるじは京都中華の祖たる高華吉《こうかきち》の弟子にあたり、齢八十を超えてなお健在に鍋をふって、名物の「カラシ入そば」（店主も客も「からしそば」と呼んでいる）を供しておられる。明治初期に開発された歴史ある盛り場《新京極》のはずれに位置するこの店では、昼の混雑時でさえ、「ギョーザ（鍋貼餃子）」や京都独特の「はるまき（京春蝦捲）」をあてに熱燗を呑む客がいることを思えば、まがうことなく町中華といってよい。

餃子や春巻きにあらわされているとおり、ここのメニゥの記され方が独特で、その一部を文字に起こすと表10のようになる。まるで説明文のごとき品書きに、漢字表記が補われているのだ。「カラシ入そば」には「龍鳳撈麵」とある。なるほど、名代以上の存在であるわけだ。

品書きから読み取ることはできないけれども、「龍鳳」の汁そばにはレタスが入る。該当するのは、柳麵、叉焼麵、廣東麵、そして揚冊窩麵だ。くわえて、中華料理にはよくあるものの、九品のうち六品までも「あんかけ」となるところにも特色が見いだされる。廣東麵、天津麵、蝦仁麵、西湖伴麵、龍鳳撈麵、肉絲炒麵で、前四品にはゆるいあんでとじられた具材が、汁そばに上おきされる。龍鳳撈麵は、酢で溶いたからしをあえた麵に、まるで蓋をするかのごとくたっぷりとあんをかけ、肉絲炒麵は炒めた麵に上おきされる。

表10　龍鳳の麵メニゥ

ラーメン（柳麵）
チャーシューメン（叉焼麵）
野菜かやくそば（廣東麵）
五目そば（揚冊窩麵）
カニ玉子入そば（天津麵）
エビ野菜入そば（蝦仁麵）
チャンポン（西湖伴麵）
カラシ入そば（龍鳳撈麵）
ヤキソバ（肉絲炒麵）

ここで注目してみたいのは西湖伴麵、すなわち「チャンポン」である。食堂の〈ちゃんぽん〉については前節でみたが、京都では町中華のメニゥにも頻出する一品なのだ。

町中華のチャンポン麺

「龍鳳」の「チャンポン」には「西湖伴麵」とあてられている。西湖と聞けば中国は杭州の世界遺産が想起されるものの、店主にうかがうと「(チャンポンは)中国にはないからね……」とにこやかにはぐらかされてしまった。

あんかけのチャンポンとくれば、尼崎のそのままずばり「あんかけチャンポン」も頭をよぎるが、ご当地〈ちゃんぽん〉のヴァリエーションはさておき、一般的な組み合わせではないだろう。京都食堂では「千成餅食堂」を唯一の例外として、あんかけちゃんぽんはみられない。町中華では、「龍鳳」をはじめ、あんかけ系の店が多数ある一方で、ラーメンと同じ中華スープの店もあり、どうもつかみどころがない。

品書きにしても、食堂では「ちゃんぽん」とひらがなで表記される一方、町中華ではカタカナとなるばかりか、「チャンポン麵(メン)」とわざわざ「麵(メン)」をつける店もある。だが、それが太い中華麵、すなわち「ちゃんぽん麵」であることはまずない。「冷めん」で有名な「中華のサカイ」(新大宮商店街)などは、「長崎チャンポン」と「長崎」を冠するだけに中華そばの麺とは異なる太いちゃんぽん麺となるが、一般的には中華そばの麺がそのまま流用されている。

スープも、［龍鳳］のように中華スープもあれば、豚骨というよりは鶏ガラの白濁したスープもある。しかも、［龍鳳］は文字どおりの「あんかけ」であるのに対して、中華／白濁のどちらにもとろみをつけるタイプとつけないタイプとにわかれるのだ。

また、食堂とは異なり、かまぼこやさつまあげなどの水産練製品を入れることもほとんどない。代表例をふたつあげてみよう。

［大宮京珉］（後院通）チャンポンメン

にんじん、たまねぎ、もやし、きゃべつ、ぴーまん、しいたけ、しめじ、たけのこ、きくらげ、豚肉。

［中華ハウス　天来］（丸太町七本松西入ル）チャンポンめん

にんじん、たまねぎ、もやし、きゃべつ、たけのこ、きくらげ、豚肉、いか、小えび。

どちらもとろみのあるスープに中華麺であるが、練製品は入らず、「中華ハウス天来」ではいかと小えびがもちいられる。店の個性といってしまえばそれまでだが、京都〈ちゃんぽん／チャンポン〉は、かようにひとつのイメージに収斂することのない麺料理なのだ。

魅惑の白

「きつね」や「他人」のように、食堂の麺類と丼物には上おきの互換性がある。「龍鳳」の「麺類」と「ごはんもの」とに共通しているのは、少なくとも名称のうえでは「カニ玉子入そば」と「カニ玉子丼」、すなわち天津麺／丼しかない。かに玉（玉子焼き）にあんのかかった、シンプルにして定番の料理である。ここでは、「一品」の料理としても「カニ玉子焼（芙容蝦）」をいただくことができる。

シンプルとはいえ、やはりそこには少なからず店の個性があらわれる。たとえば「龍園」（七本松三条下ル）の天津飯。同店の看板やのれんには「ぎょうざの店」とあり、なかば餃子の専門店といってよい。注文が入るたびに、板状の皮を円筒形の缶のフタのようなもので切り出し包んで焼くスタイルで、もちもちとした触感の焼きあがりになる。古い地図をみると、店舗は「辻紡績寄宿舎」の建物をあてたとおぼしき「引揚者収容所」のあった広大な敷地の一画に位置しており、立地それ自体も気になるところだ。

店内の品札には「ぎょうざ」のほかに「やきめし」、「ラーメン」、そして「天津麵」／「天津飯」とがある。名代の「ぎょうざ」以上に特徴的なのが天津飯で、小さなえび少しとねぎ、チャーシューかなにかの細切れの入った玉子焼きのうえから、白く透明なあんがたっぷりとかけられる。清水寺にほどちかい「六波羅飯店」の天津飯も白いあんかけなのだが、「龍園」のあんはほどよいゆるさで、レンゲをいれるたびにご飯のひとつぶひとつぶがあんに泳ぎ出し、まるで白米の粥を食べているような感覚にとらわれる不思議な一杯である。

このようにあっさり系がある一方で、いつも行列のできる人気店「マルシン飯店」（東大路三条下ル）の天津飯はあんにまで卵が溶かれている。かき玉あんかけは、たとえば「中華処　楊《やん》」（四条堀川東入ル）のように、かつ丼にもみられる。器に飯をもり、とんかつをのせ、白飯がみえないほどにたっぷりとあんをかける中華かつ丼は、京都食堂特有のかつ丼を想起させないでもない。もちろん、あんかけではないのだが、たとえば「山の家《や》」（御幸町綾小路《ごこうまちあやのこうじ》）で厨房のみえる席を陣取り「カツ丼」を注文してみてほしい。揚げたてのとんかつにサクッ、サクッと庖丁をいれ、手際よくどんぶり飯のうえにおく。すると今度は、別の調理人が鍋からとじ玉子を丁寧に丼にうつし、第3章でも目にしたように、蓋をするかのごとくもりつける一部始終をみることができるはずだ。

〈けいらん〉系中華

いささかこじつけにすぎるかもしれないが、〈けいらん〉とかき玉状の中華料理とには類縁性が感じられる。それを象徴し、食堂と町中華の蝶番《ちようつがい》をなしているのが、四条大宮にある「京一本店」の「あんかけ中華」である。

「京一本店」の看板には大きく「中華そば」と掲げられ、同じくウェブサイトでは「創業から60年以上つくりつづけた「中華そば」は京都の老舗ラーメン屋としての誇り」と記されていることから、同店をラーメン店に分類することもできよう。だが、メニゥには麵類・丼物一式がきちんとそろえられているので、食堂と位置づけるほうが適切である。

そして、くだんの「あんかけ中華」とは、一口にいってしまえば「中華そば＋けいらん」なのだ。中華そばの具（めんま、ピンク色のかまぼこ二枚、ねぎの小口切り）はそのままに、チャーシューだけが細切りとなって、上から〈けいらん〉のごときかき玉のあんかけスープが丼いっぱいにかけられる。あんは麵をひっぱり出しづらいほどにかたく、しかも出汁ではないので、いくぶんしょっぱい。［京一本店］の「あんかけ中華」が、ほかの町中華のあんかけ系と決定的に異なるのは、食堂の〈けいらん〉よろしく、すりおろされた生姜がたっぷりとあんの上にそえられていることだ。町中華でもなく食堂でもなく、町中華（ラーメン屋）的食堂としかいいようのない一杯である。

じつのところ町中華の〈チャンポン〉にも〈けいらん〉系が存在する。［六波羅飯店］の「チャンポン（麵）」である。ここの「チャンポン」は独特で、具材はにんじん、ねぎ、細いもやし、はくさい、たけのこ、きくらげ、豚肉といたって普通であるのだが、スープはややかための「けいらん」風となる。「カレーラーメン」もまた同系で、あんに鶏卵を溶いてかき玉状にしており、ほかに「カレーチャンポン（麵）」までメニゥにのぼる。

カレー丼の正体

京都の町中華のカレーラーメンは総じて〈あんかけ〉なのだが、その本流は食堂である。食堂のカレーうどん（そば）は夏も冬も大人気で、多くの場合、きざみ（油揚げ）とねぎ（斜め切り）が入る。ねぎは必須で、きざみが牛肉や鶏肉にかえられたり、きざみと肉の両方を入れる店もあることから、カレーは〈鳥なんば〉系のあんかけといえるだろう。

異色なのは、嵐電鳴滝《らんでんなるたき》駅前の「千成餅」にある「カレー玉子とじ」で、カレーもあんかけであるのだから、「あんかけの玉子とじ」たるところの〈けいらん〉も思い浮かび、初めて注文した時にはカレー風味の〈けいらん〉を予想していた。だが、それは牛肉とねぎの入った、ほとんど汁のないカレー風味の玉子とじで、ほかの食堂ではみたことのない類の麵料理である。台をそばにして注文してみたけれども、中華麵のほうがあうかもしれない。

さて、第3章でまったくふれることなくおわった「カレー丼」について、ようやく種明かしをする段となった。それは、カレーライスを丼にもるのではなく、うどん出汁のきいたカレーあんかけなのだ。これにとんかつをのせてもじつにおいしく、京阪三条駅近傍の老舗［篠田屋］の「皿盛」は、多くのファンを惹きつけてやまない。

酒呑みにとってうれしいのは、［山の家］のメニゥにある、その名も「出汁カツカレー皿」である。八角皿のまんなかにカットされたとんかつがでんと横たわり、そのうえから斜め切りのねぎをちらしたカレー味の出汁あんがたっぷりとかけられる。おまけに、「あんかけ温奴《おんやっこ》」まであるから、あんかけだけでも十分に昼呑みをたのしむことができる。ここまでくると、〆は「あんかけ五目そば」とすべきであろう。

五目あんかけ麵は町中華でもよくみられるが、メンバーのひとりが北大路新町の［相生餅］で通常メニゥの「五目うどん」を「あんかけ五目うどん」にして注文してみた。具材は、白菜、九条ねぎ、にんじん、しいたけ、わかめ、かまぼこ、あげ（甘きつね）、鶏肉で、そこに生玉子を落とし、あんかけ系特有の生姜がのせられる。ヴォリュームのある具材それぞれの味が出汁にしみでておいしく、熱々のうちに卵黄をくずしてしまえば、〈けいらん〉のように食べることもできるはずだ。こんな注文のしかたも、じつにたのしい。

中華料理とのつながりでいうならば、「牛すじあんかけうどん」もはずせない。「カレーうどん」が大人気の元田中の［天狗食堂］で、これをたのんでみた。店内には、「カレーうどん」の品書きだけでも「ぶた／肉／あげ入り肉／牛すじ」の短冊が並び、その横には「キーソバできます。」とある。うどんを中華麵（キーソバ）に替えることもできるのだ。

客の三人に一人は種々の「カレーうどん」を注文するなかで、「牛すじあんかけ」を「そば」でいただいた。中華麵の「キーソバ」に対して、「そば」は「黒そば」と呼ばれている。運ばれてきた丼をのぞくと、あんの色があまりに濃く、一瞬「カレーうどん」に間違われたかと思いきや、れんげであんを口にすると注文通りの「牛すじあんかけ」で、甘さのある出汁全体に、いくぶん臭みのある牛すじの風味がゆきわたっている。別添えの九条ねぎと生姜から、ついと生姜をはしでつまんでまぜると、不思議とそこにはいかにも〈あんかけ〉らしい風味のまとまりが生まれてくる。

あんがからんだそばにはおもみがあるので、れんげですくいながら食べるとよい。すすりづらい麺を口に運びながら、これに八角か五香粉でも入れて牛すじの臭みをおさえれば、中華街で出されている「牛バラそば」とそっくりの味になるな……などとも思えてくる。

4　台を替える愉しみ

「そばだいで」

妙心寺近傍の「大力食堂」で品書きの「カレーうどん」の麺を「そば」でお願いすると、店のお母さんは厨房に注文をとおす際、必ず「そばだいで」と言葉を継ぎたす。慣れないうちは、てっきり「そば大」（＝大盛）と思いびっくりしたものだが、これは業界用語で「台」、すなわち麺料理の麺を指す。台とは文字どおり「物をのせる物の意で、てんぷらそばの場合を例にとれば、そばが台でてんぷらは「上置《うわおき》」という意味である」（植原路郎『蕎麦辞典』）。蕎麦屋では当然ながら蕎麦が主であるからして、客が天ぷらをうどんで注文した場合は、「天ぷら台変わり」と調理場へ通す。蕎麦屋ならば蕎麦、「あんかけ」ならばうどんというように、本来「台」とすべき麵を変える場合に店側の使う通し言葉が「台変り」なのだ（新島繁『蕎麦の事典』）。

京都食堂では、おそらく東京の蕎麦屋などよりも「台変り」となるケースがはるかに多い。先の「大力食堂」を訪れた二人連れが、黒板にある「日替り定食」のメニュ二種「①ハンバーグ煮物　②他人丼　きつねうどん」をみて（①はご飯とみそ汁の定食）、一方が「にぃ（②）で」、他方が「にばん（②）、そばで」というのが日常茶飯のやり取りなのだ。そして、お母さんは「はい、ひがわりふたつぅ、たにんのほう。ひとつ、そばだいで」と通す。

客が積極的かつ容易に台を替える京都食堂の特質をとらえるべく、ここでは、「台替え」という語句をもちいることにしよう。しかも京都ではうどん／そばのみならず、「にゅうめん」のように素麵《そうめん》もくわわるし、カレーうどんにみられるごとく中華麵までもが仲間入りする。

食堂の出汁カレーと中華麺の相性は抜群で、カレーうどんが人気の「みや古」（三条京阪）では、一時期、「復活裏メニュー 自家製中華麺 肉入りカレーそば」が供されていた。これもまた台替えのひとつである。

うどん出汁の中華麺

千本丸太町交差点（通称「せんまる」）の近傍に、「千成食堂」があった。「めんるい」の品書きは、例のごとく「うどん・そば」にはじまり、「中華そば／チャンポン／チャンポンうどん・千成ラーメン」と、「チャンポンうどん」をのぞけば中華麺におわる。注目していただきたいのは、最後の「千成ラーメン」である。麺類の殿《しんがり》をつとめるうえに、店の名まで冠するのだから、なにか特別なラーメンなのだろう。

実際に食してみると、具材はあげ（きざみ）、鶏肉、ねぎといたってシンプル、つまり「きつね＋鳥なんば」の上おきである。品名にラーメンとあるように、麺は中華麺であるのだが、なんとスープがうどん出汁なのであった。中華麺は、おもいのほかきざみとの相性がよく、するするとのどをとおって胃の腑におさまる。

この「千成ラーメン」のように、うどん出汁（和風だし）の中華そばは全国各地に分布する。有名なところでいえば、姫路駅名物の「えきそば」、その姫路からスーパーはくとで直通する鳥取の「素ラーメン」、さらには高知の「中日そば」に和歌山の「いたちそば」など、麺好きのあいだでよく知られたご当地麺をあげることができるだろう。

これらはラーメンの具材をそのままに、スープが和風だしとなるのだが、京都の場合、天ぷらうどんなどの種物はもちろんのこと、鍋焼きや〈あんかけ〉の台（うどん）を中華麺に替えてもらうことも不可能ではない。うどんとそばの台替えはもちろん自由、中華麺に替えると数十円上乗せされる場合もある。興味がもたれるのは、中華そばないし中華麺を「中華」と略して呼ばれることが多いなかで、店によっては「黄そば／キーソバ／キィソバ」などと表記（発音）されていることだ。気の利いた店には、「キーソバできます」だとか、「麺→黄そばに変更 50円UP」などと、麺類のメニゥに添え書きされている。

そして、なおいっそうのこと興味をひかれるのは、（素）うどんないし（素）そばよりも具材の少ない、「中華そば」(?)が存在することだ。もちろん、うどん出汁の。

「キーシマ」と「中はく」

よく知られているのは、夷川室町東入ルの［生そば やっこ］の「キーシマ」である。店主によると、「キーは中華麵の黄、シマはかけそばを指す私たちの隠語」なのだという(『朝日新聞』二〇一六年一〇月二〇日)。たしかに麵はかすかに黄色みを帯びている。メニゥには、「キーシマ」のほかに、天かすを散らす「キーはいから」、そしてカレーうどんの台を替える「キーカレー」しかないが、麵類はすべて「キー」台に変更できる。

まずは素の「キーシマ」をたのんでみよう。テーブルに運ばれた丼には、すきとおったうどん出汁に中華麵のみ。小口切りの九条ねぎが別添えされており、「山椒と七味でどうぞ」とすすめられる。なにものせず振らず、出汁と素の麵をじっくり味わう。出汁を一口すすると、かつおのかおりがやわらかくひろがり、特有のあまさとあいまってカドのとれた薄口が口内にしみわたる。自家製極細の中華麵は口当たりがよく、噛みしめるほどに甘味と旨味がましていく。うどんやそばでは感じられない出汁のあまみが引き立つのも、「キー」ゆえのことか。

さてもう一杯、うどん出汁の中華麺をいただきにいこう。北山通に近い新大宮商店街の北端に位置する［大力本店］の品書きには、「うどん」・「そば」の次に「中はく」なる聞き慣れない品がある。じつのところ、この「中はく」もまた、うどん出汁の中華そばなのだ。

海苔とかまぼこ、そして三つ葉がちんまりと上おきされ、やはりここでも小口切りの九条ねぎが別に小皿で添えられる。少し濃い出汁をすすると吸い口の三つ葉のかおりが鼻孔をぬけ、まるで料理屋の汁物のように上品な味わいがひろがる。中細の麺には、もちもちとしたコシがある。

では、あらためて問おう。「中はく」とは何か。「中」が中華麺を略していることまでは想像できるものの、「はく」が何を意味するかはさっぱりわからない。そこで店の奥さんに尋ねると、「はく」は素うどんを指し、「素うどんの中華だから『中はく』です」、とのことであった。なるほど、聞けば得心するが、メニュをみただけではわからない京都食堂の不思議のひとつである。

京料理のような

これら、うどん出汁の中華麵に共通するのは、出汁のかおりとあまみ、脂や香辛料にマスキングされていない中華麵の素材そのもののあまさをふくんだ旨味である。不思議なもので、麵を二口三口すると、自分が何を口にしているのかわからなくなってくる。出汁に意識をむければ、たしかにうどん出汁である。麵に集中すると、それは脂っ気も胡椒の刺激もない、あまみをかるくふくんだやさしい味の中華そばだ。

舌で味を追えば、経験のない組み合わせに脳が混乱しないともかぎらないが、食べすすめるうちに味覚の葛藤を超克し、その妙味にいつしか魅了されていることだろう。出汁そのものを味わい、麵の旨味を喉ごしにたのしむ。大げさに言えば、余計な脂も香りも必要としない、素材の旨味を最大限にいかす京料理の真骨頂のようでもある。

もちろん、好みで九条ねぎをのせ、山椒や七味をくわえることで、〈中華そば〉にならないギリギリの線で「味変」を楽しむこともできる。胡椒を振ると、一気に〈中華そば〉へと接近するので、ご注意あれ。京都食堂でうどん出汁の中華麵を堪能するためには、効きのよい薬味や香辛料はごくごく少量にすることをおすすめしたい。
好みはわかれるところであるが、中華そばの麵をうどんに替えることもできるし、「千成餅食堂」（丸太町馬代西入ル）のメニゥには、「中華うどん」もあります。

「台ぬき」のいろいろ

師走に近づき一段と秋の深まったある日のこと。いつもの食堂で、「いなりとけいらんのお汁だけでちょうだい。お汁だけ、少なめで。」と注文する女性客に遭遇した。「けいらんのお汁だけ」ということなら、うどん出汁のかき玉あんかけに生姜ののったものということになる。この日のような寒空にはうってつけの汁物だ。

また別の食堂では、「肉カレーうどんをそばで、そばはざるにして。」と、耳にするだけでも難儀な注文をする男性客と隣り合わせた。卓上をそれとなく横目でみると、麵の入らない肉カレーの丼に、小盛りのざるそばがつゆとともにおかれている。男性は、そばの半分くらいをまずつゆですすり、肉カレーをちびりちびりとつまみながら、残りの半分をつけ麵のようにして平らげた。メニゥには生ビールに瓶ビールもあるのだが、喉を潤すこともなく、「ごはん」の追加もなく、簡素にして凝った食事である。こうしたイレギュラーな注文や食べ方をたびたび目にするけれども、お店の人が断るところをみたことがない。

さて、このように台を別盛りにする例はあまりみられないものの、麵類から麵（＝台）をぬいて「種物（かやく）＋つゆ」だけを注文することを、一般には「台ぬき」と呼んでいる。

蕎麦屋で酒を飲むときに、昔の人がよくやった、〃台ぬき〃というのがある。種ものの、ソバだけ抜いて貰って、タネとツユで、酒を飲む。キザな男がいて、ラーメンの屋台へ入って、ラーメンの台ぬきを頼んで、これで酒を飲む。

鳴戸《なると》と、支那竹《しなちく》と、チャーシューをつまみ、酒の合の手にツユを啜る。

これも、やってみると悪くないらしい。

（神吉拓郎『たべもの芳名録』）

蕎麦屋の種ものから台をぬいて種とつゆを酒肴《しゆこう》とするのは、「天ぬき」や「鴨ぬき」がよく知られている。関西ならば、大阪の［千とせ］で発明された「肉吸い」（肉うどんからうどんをぬいて玉子を落とす）が想起されるだろう。京都で「肉吸い」は［千成餅食堂］（一条馬代東入ル）などでいただくことができる。

台ぬきは、食事というより酒とともにある印象が強い。神吉《かんき》拓郎《たくろう》（一九二八―九四）が述べるような酒肴として、あるいは飲酒後のメにもなろうか。京都の食堂は、東京の蕎麦屋などとはちがってゆっくり酒を愉しむ空間ではないため、台ぬきで一杯やるような客にはお目にかからないものの、町中華の［誠養軒］で「チャンポン麵」の台ぬきを注文した酔客と同席したことがある。まさに「これも、やってみると悪くないらしい」。

空飛ぶマダムの後口直し

少しふるい話となるが、映画監督の吉村公三郎《よしむらこうざぶろう》が、いかにも京都らしい台ぬきにまつわるエピソードを紹介している（『京の路地裏』）。ある晩のおそくに吉村が看板まぎわの［バーおそめ］をのぞくと、ちょうど近所のうどん屋から出前が届いたところであった。京都と東京銀座でクラブを経営し、空飛ぶマダムなどと呼ばれた「おそめ」こと上羽《うえば》秀《ひで》の最初の店でのことである（図10）。

「近所のうどん屋のオッサンがおかもち」から取り出したのは、いっけんすると「キツネうどん」であるものの、そこにはうどんが入っていない。丼の出汁をすすりながら、彼女は、

図10　「おそめ」の広告（出典：『酒』第6巻第9号、1958年）

「今日は大分お酒を飲まされたさかい、後口直しにこれをよばれて（食べる）ますねん。お酒の覚めるまぎわの、このキツネうどんの台ぬきに七味をたんと目に効かしたんは、なんともいえん美味しいもんどす」

と語ったという。

吉村自身は、この時はじめて「台ぬき」の存

在を知るところとなり、さらに後日、高瀬川蛸薬師《たこやくし》の［大黒屋］で、居合わせた若いサラリーマン二人が「めしと少量の漬物を注文して、キツネうどんの台ぬきで食べている」ところを目撃し、「京のシブチン精神に抵触しない、いきな食べ物だと感心した」のだった。

とはいえ、現在の京都に食堂文化として根づいているのは、やはり「台ぬき」よりも「台替え」である。

「玉吸い」と甘味でささやかなぜいたくを

食堂で「台ぬき」のお供となるのは、酒ではなく、寿司などのごはんものや甘味の一品であろう。また、あえて台ぬきにせずとも、汁物を単品で出している店もある。丼物に味噌汁やすまし汁がつくこともあるが、一品料理の汁物にはあまり聞きなれない「玉吸い」なるものがある。

体調がすぐれず食欲のない日に、軽めの食事をもとめて鞍馬《くらま》口室町《ぐちむろまち》西入ルの［力餅食堂］にふらりと入ってみた。麵類や丼物ではいささか胃に重いので、ショーケースで目にとまった小ぶりの「いなり」と「おはぎ」、そして「玉吸い」を注文する。

玉《ぎょく》は玉子のことで、「玉吸い」はすまし汁に玉子を落とした吸い物である。昭和三十（一九五五）年発行の『大阪方言辞典』にも出ているので、上方に共通する汁物なのだろう。玉子の吸い物というと、青菜や香味野菜といっしょに白身が固まる程度にさっと煮立たせたものや、とろみをつけたすましに溶き玉子を流し込んだかきたま汁を想像するが、食堂の玉吸いもこのどちらかであることが多い。しかし、ここ鞍馬口の「力餅食堂」の玉吸いは、ずいぶんと様相を異にしていた。

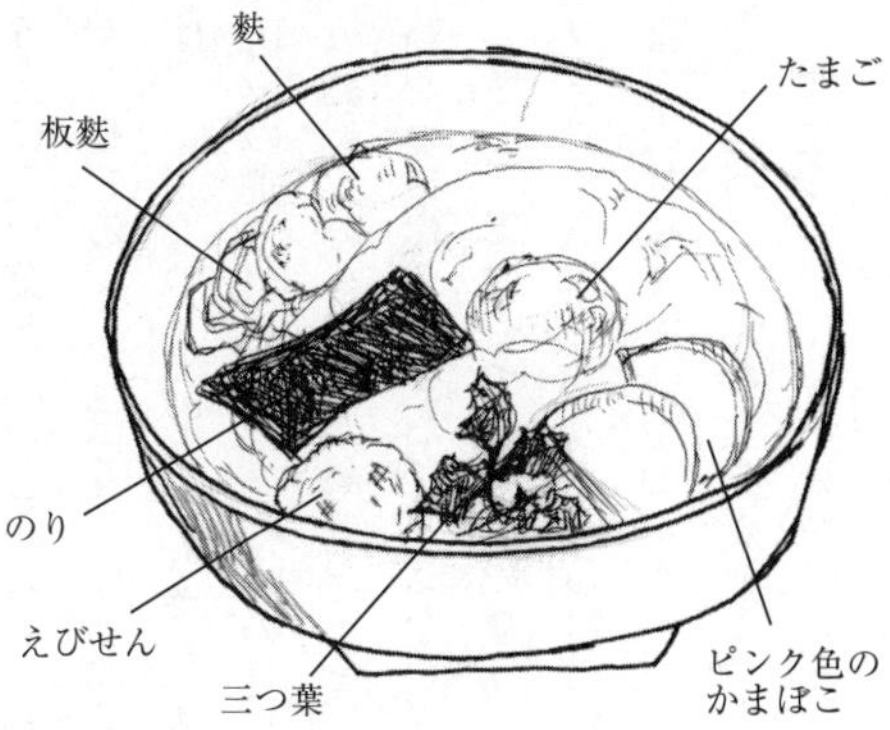

図11　玉吸い

運ばれてきた椀は色とりどりの具材で覆われており、吸い物にしては具沢山だ。具材をひとつひとつ箸でたしかめてみると、焼き麩二枚、きざんだ板麩二枚、そしてかまぼこも二枚、さらには橙色のあざやかなえびせんまでもが入り、うえに三つ葉と海苔とがのせられている（前頁図11）。これは、「玉吸い」というよりも、むしろ〈しっぽく〉の台ぬきといったほうが正確かもしれない。より厳密にいえば、〈しっぽく〉の台のみならず、要となるしいたけもぬいてある。たとえば、Z商店街の食堂の「お吸い物」の具材は、ねぎ（斜め切り）、かまぼこ、海苔、えびせん、板麩、えのき、わかめと、「志っぽく」のしいたけをえのきに、そしておぼろ昆布をわかめに代えているにすぎない。〈しっぽく〉の変化《へんげ》は想像以上のようだ。

さて、胃にやさしい「いなり」と「おはぎ」に「玉吸い」を組み合わせたお会計は、ワンコインでお釣りがくるほど懐にもやさしかった。見た目が豪華で滋養もあり、おはぎの甘味までつくのだから、ちょっと贅沢をした気分になる。心もお腹も満たされて、近所にこんな食堂があることを心底ありがたく思うのだった。

食堂は、だれもが気軽に入ることのできる食事処である。だが、ひとたび店に入ると、客はだれしも食べたい物を食べることに妥協がない。抜いたり足したり、あれこれ組み合わせながら、限られたメニゥから最良の選択をすることに余念がないのだ。

そして、どれだけ難儀な注文にも寛容に寄り添い、たんたんと料理を提供する店には粋さえ感じられる。わたしたちは今日も食堂を愛してやまない。

あとがき

この「あとがき」をのぞく、「はしがき」から本文全4章の原稿ファイルを担当編集者の河内卓さんに送ったのは、二〇二三年七月七日（金）の夕刻でした。翌日の昼時、メンバーのひとりがいつもの食堂でカレー丼をレンゲでかきこみながら『京都新聞』をめくっていると、思わぬ見出しが目に飛び込んできました。それは、餅系食堂のひとつである「相生餅本店」（四条西洞院東入ル）が、六月末に閉店したことを告げる記事でした。昭和三十一（一九五六）年の開業以来、七十年に及ばんとする歴史に幕が下ろされたのです。

それればかりではありません。本書で明に暗に登場した鞍馬口室町西入ルの「力餅食堂 前田商店」もまた、そのちょうど一か月前の五月末日をもって閉店していました。シャッターに貼られた「閉店のお知らせ」には、「70年もの長きにわたり」と記されており、「（追伸）」として「店主86才にて終業いたします」ともありました。

さらに、もう一軒。［相生餅本店］の閉店から約三か月さかのぼること四月の上旬、［千成食堂］（千本丸太町上ル）のシャッターに、「昭和三十年開業以来」の一文ではじまる「閉店のお知らせ」が貼り出されました。「きつね＋鳥なんば」風のうどん出汁で中華麵を台とする「千成ラーメン」を供した、あの店です。

筆者らが二〇二二年の夏から「〈味覚地図〉研究会」なるサークル活動をはじめたきっかけは、それぞれが京都食堂の不思議にふれながらも、情報があまりに断片的でいかにも謎めいていたがゆえに、各々が食堂を食べ歩いては考現学よろしく記録をとって、情報交換をはじめたことにあります。くわえて、近所の、通勤路沿いの、あるいは職場まわりにあった食堂が、次々に店じまいしていくさまを目の当たりにしてきたからにほかなりません。

外食産業はなやかなりしご時世ですが、「麵類・丼物一式」タイプの食堂が新たに開業することはまずないので、後を継ぐ人がいなければ、今後も減り続けるでしょう。

＊

「なんで〈木の葉〉なんやろぅねぇ。」

とある食堂で、店のおかみさんにうかがった際の返答です。本書でわたしたちは、この問いに対する答えを用意しましたが、それとて解釈のひとつにすぎません。所以はわからずとも、どの店でも似通ったどんぶり飯が供されているわけですから、〈木の葉〉の世界が暗黙裡に共通理解されていることだけは、たしかなようです。

＊

「天とじ丼の玉子は、あとからのせているのですか？」

「はい。玉子と天ぷらを一緒にしてはる店もありますかね……。ほかは知りませんけど、うちでは別にしてます。」

「かつ丼もですか？」

「はい。」

メンバーが「かつ丼」の正体（？）に気づきはじめたころ、店の方とのやり取りで確証を得た瞬間です。他店のことは知らないとおっしゃるものの、これもまた京都の食堂に根づいたスタイルなのでした。

「ねぎは斜め切りですね。この切り方で出すのは決まっていて、きつね、玉子とじ、天ぷら、それから、とりなんば、とか……。」

＊

卓上に並んだ「天ぷらうどん」と「しっぽく」とで、ねぎの切り方がちがうことに気づいたわたしたちに、店員さんが説明してくれたのでした。上おきに応じたねぎの切り方もまた、どの店にも共通する決まったスタイルのようです。

＊

京都食堂では、注文した料理が全部給仕されたあとも、会計伝票がテーブルに置かれることはまずありませんが、現金払いを基本とする会計はじつにスムースです。「麺類・丼物一式」の値段がすべて頭にはいっているのでしょう、昔ながらのレジや算盤をもちいて、よどみなく額が告げられていきます。無線のオーダー端末を通じた会計が全盛の外食産業界にあって、丼のなかと同じく、ここには別世界があります。

＊

麺類に、餅と取り合わせた上おきの多いことも、京都食堂の特徴でしょう。焼いた丸餅は、台を問わず、中華そばにさえ入ることについては、本文でもふれたとおりです。「そもそも餅は芽出度《めでた》い食品で、正月餅を始め各種の祭礼慶事の祝餅として邦人の生活に深く根ざして」いると述べたのは、中国文学者の青木正児《あおきまさる》（一八八七―一九六四）でした（「陶然亭」）。京都では、餅系食堂を中心に、季節を問わず、日常的に餅を食べることができるわけです。

＊

京都食堂は、東京の蕎麦屋のように酒を愉しむ空間ではありませんが、多種の定食にくわえて、いなりや巻き寿司にちらし寿司、かやくごはんや赤飯に白飯のご飯もの、これに「おはぎ」などを常備する甘味処でもあるからして、まったくもって用意周到というほかはありません。

＊

近所なら、麺類でも丼でも、なんなら定食でも、「おかもち」に入れて出前をしてくれますし（図12）、ショーケースに並べられた寿司やおはぎを持ち帰ることも可能です（図13）。店内では高齢のお客さんのリクエストに応じてうどんを短く裁断して出したり、食べきれなかった分を気軽にパックに詰めてくれたりもします。

＊

たまに台替えをしてみると、思わぬおいしさに出会うこともしばしばです。逆に、この組み合わせは食えたものではない、などということはめったにありません。好みに応じて台（麺）を替えれば、麺類の変奏を存分に楽しむことができるでしょう。なんてたって、「きつねと肉をとじといて！」というリクエストにも、気安く応じてくれるのが京都食堂ですから。

＊

図 12 「おかもち」を持って出前

図 13 食堂のショーケース

麺か飯かを問わず、一杯の丼の中に添えられた、ひそやかなる〈京都らしさ〉をどうぞご堪能ください。もちろん、食堂で。

二〇二三年七月　梅雨明け間近の猛暑日、食堂で「冷麺」を食したあとに
〈味覚地図〉研究会　稲田七海・加藤政洋・河角直美・常本亮太・前田一馬

〈味覚地図〉研究会　プロフィール

近現代日本の食文化・外食産業を探究する同好会。地理学を専門とする、なによりも食べることの大好きな、以下のメンバーからなる。

稲田七海（いなだ・ななみ）　鹿児島県鹿児島市生まれ。早晩この世から消え去ってしまいそうな味や料理を探求しています。いろいろな味覚を記録し、後世に残していきたいです。

加藤政洋（かとう・まさひろ）　長野県茅野市生まれ。次の目標は、一九三〇年代の銀座、そして一九七〇年の那覇・コザの味覚地図をつくること。

河角直美（かわすみ・なおみ）　大阪府堺市生まれ。歩いて、食べて、描いてをくりかえし、いろんな風景に出会いたいです。挿絵（図1〜6、8・9、11〜13）を担当しました。

常本亮太（つねもと・りょうた）　北海道札幌市生まれ、岩見沢市育ち。全国の川魚料理に興味がある。

前田一馬（まえだ・かずま）　長野県軽井沢町生まれ。〈高原〉と称される場所の歴史を調査中。戦前の軽井沢を訪れた避暑客は何を食べていたのか、東京から出店していた飲食店を含めた食環境にも興味津々です。

引用・参考文献

青木正児「陶然亭」(『華国風味』ワイド版岩波文庫、二〇〇一年)、一七八―二一四頁。

安藤鶴夫「美々卯の雨」(『あまカラ』第三十六号、一九五四年)、三一―三三頁。

安藤鶴夫『おやじの女』青蛙房、一九六一年。

飯野亮一『天丼 かつ丼 牛丼 うな丼 親子丼』ちくま学芸文庫、二〇一九年。

池波正太郎『むかしの味』新潮文庫、一九八八年。

石毛直道「キツネとタヌキ」(『上方食談』小学館、二〇〇〇年)、二二―二三頁。

植原路郎『改訂新版 蕎麦辞典』東京堂出版、二〇〇二年。

宇佐美辰一(聞き書き 三好広一郎・三好つや子)『きつねうどん口伝』ちくま文庫、一九九八年。

臼井喜之介『京都味覚散歩』白川書院、一九六二年。

大久保恒次「うづらそば 美々卯」(『あまカラ』第十五号、一九五二年)。

大久保恒次「上方甘辛手帖(4)うどんのすき」(『あまカラ』第十八号、一九五三年)、二四頁。

大久保恒次『続うまいもん巡礼』六月社、一九五七年。

大久保恒次『上方たべもの散歩』知性社、一九五九年。

大久保正編『本居宣長全集　第十六巻』筑摩書房、一九七四年。

岡田哲『たべもの起源事典　日本編』ちくま学芸文庫、二〇一三年。

岡田哲『ラーメンの誕生』ちくま学芸文庫、二〇一九年。

奥井亜紗子「労働力型都市移動と同郷ネットワークの「論理」――但馬出身者による京阪神都市圏下大衆食堂の展開を事例として」（『年報　村落社会研究　第五六集　人の移動からみた農山漁村――村落研究の新たな地平』農山漁村文化協会、二〇二〇年）、五七―九七頁。

奥村彪生「昔ながらの味わい　老舗名物は太～く長～くずっと」（『朝日新聞』二〇二〇年六月一一日夕刊）。

亀井巌夫『うどんすき物語――薩摩きくの人生』大阪新聞社、一九八五年（改訂版）。

河合喜重編『京都料飲十年史』京都料飲新聞社、一九七〇年。

姜尚美『京都の中華』幻冬舎文庫、二〇一六年。

神吉拓郎『たべもの芳名録』ちくま文庫、二〇一七年。

北尾トロ『夕陽に赤い町中華』集英社インターナショナル、二〇一九年。

北尾トロ・下関マグロ・竜超（町中華探検隊）『町中華とはなんだ　昭和の味を食べに行こう』角川文庫、二〇一八年。

喜多川守貞（宇佐美英機校訂）『近世風俗志（守貞謾稿）（一）』岩波文庫、一九九六年。

京麵史編集委員会編『京麵史』京都府麵類業環境衛生同業組合、一九八五年。

曲亭馬琴『壬戌羇旅漫録』(塚本哲三編『日記紀行集』有朋堂書店、一九二七年)、四八九―六八〇頁。

小林カツ代『小林カツ代の「おいしい大阪」』文春文庫、二〇〇八年。

三省堂編修所編『慣用句 ことわざ辞典 特装版』三省堂、一九八六年。

代田重雄「京都の狐蕎麦」(『食道楽』第七年第七号、一九三三年)、六三頁。

高濱虛子編『新歳時記 増訂版』三省堂、二〇一七年(初版一九三四年)。

多田鐵之助『蕎麦漫筆』現代思潮社、一九五四年。

田宮橘庵『嗚呼矣草』(日本随筆大成編輯部編『日本随筆大成 巻十』吉川弘文館、一九二八年)。

寺尾宏二「東西くらべ―その二―」(『洛味』第九十五集、一九六〇年)、一四―一六頁。

中原一歩『小林カツ代伝 私が死んでもレシピは残る』文春文庫、二〇一九年。

中村浩『十方化おおさか史 懐しき大正・昭和一けた』現代創造社、一九八一年。

新島繁『蕎麦の事典』講談社学術文庫、二〇一一年。

二鐘亭半山『見た京物語』(駒敏郎ほか編『史料 京都見聞記 第二巻 紀行Ⅱ』法藏館、一九九一年)、六四―七五頁。

日本随筆大成編輯部編(喜多村筠庭著)『嬉遊笑覧(下)』成光館出版部、一九三二年。

花登筐「うどん めしのお菜」(池田彌三郎監修『四季八十菜 日本人の衣食住』日清製粉株

式会社、一九八〇年）、二〇四―二〇五頁。

B「うどん」（『あまカラ』第十二号、一九五二年）、二七頁。

B「上方の鍋」（『あまカラ』第十五号、一九五二年）、三二頁。

藤澤桓夫「きつねうどん」（『あまカラ』第五十四号、一九五六年）、一〇―一二頁。

藤浪みや「食べもの風土記11―大阪―美々卯のうどんすき こんぶ」（『婦人之友』第五十巻第十一号、一九五六年）、一一六―一二〇頁。

古川緑波「ロッパ食談〔二十二〕うどんのお化け」（『あまカラ』第四十号、一九五四年）、二四―二六頁。

平民金子「ほろほろ天ぷらうどんになって」（『朝日新聞』朝刊関西面、二〇二一年一〇月一八日）。

外間守善『沖縄の食文化』ちくま学芸文庫、二〇二二年。

牧村史陽（大阪ことばの会）編『大阪方言事典』杉本書店、一九五五年。

牧村史陽編『大阪ことば事典』講談社学術文庫、一九八四年、五五三頁。

町中華探検隊『町中華とはなんだ――昭和の味を食べに行こう』立東舎、二〇一六年。

松田道雄『花洛――京都追憶』岩波新書、一九七五年。

的場麗水『京都名所獨案内』吉野屋（山中勘次郎）、一八九五年。

宮部醉櫻「のみある記 第六章――浅酌低唱の辨」（『洛味』第四巻第一号、一九三八年）、八二―八五頁。

本山荻舟『飲食事典 下巻（た—わ）』平凡社ライブラリー、二〇一二年。

山川静夫「ケツネとキザミ」（『人の情けの盃を』淡交社、一九八六年）、二八—三〇頁。

山川美久味「味と気分を訪ねて」（『洛味』第一号、一九三五年）、四一—四七頁。

山川美久味「味と気分を訪ねて（二）」（『洛味』第一巻第二号、一九三五年）、七五—八二頁。

山田庄一『京なにわ 暮らし歳時記——船場の「ぼん」の回想録』岩波書店、二〇二一年。

吉田三七雄「しっぽく鍋」（『あまカラ』第一一一号、一九六〇年）、六四—六五頁。

吉村公三郎『京の路地裏』岩波現代文庫、二〇〇六年。

依田義賢「上方味覚地図① 鴨東」（『淡交』第十四巻第一号、一九六〇年）、六六—六九頁。

『別冊食堂 そばうどん第十号』柴田書店、一九八二年。

本書は文庫への書き下ろしです。

決定版 天ぷらにソースをかけますか？　野瀬泰申

食の常識をくつがえす、衝撃の一冊。天ぷらにソースをかけないのは、納豆に砂糖を入れないのは——あなただけかもしれない。（小宮山雄飛）

食品サンプルの誕生　野瀬泰申

世界に類を見ない日本独自の文化・食品サンプルはいつどのようにして生まれなぜここまで広がったのか。その歴史をひもとく唯一の研究を増補し文庫化。

にっぽん洋食物語大全　小菅桂子

カレー、トンカツからテーブルマナーまで——日本人は如何にして西洋食を取り入れ、独自の食文化として育て上げたのかを解き明かす。（阿古真理）

焼肉大学　鄭《チョン》大《デ》聲《ソン》

業界のご意見番による焼肉うんちく本の決定版を、文庫化。あの有名店もこの有名店も、みんなこの本で学んでいる！（金信彦焼肉トラジ社長）

中華料理の文化史　張競

フカヒレ、北京ダック等の歴史は意外に浅い。ではそれ以前の中華料理とは？ 孔子の食卓から現代まで、風土、異文化交流から描きだす。（佐々木幹郎）

昭和の洋食 平成のカフェ飯　阿古真理

小津安二郎『お茶漬の味』から漫画『きのう何食べた？』まで、家庭料理はどのように描かれてきたか。食と家族と社会の変化を読み解く。（上野千鶴子）

喫茶店の時代　林哲夫

人々が飲み物を楽しみ語り合う場所はどのようにして生まれたのか。コーヒーや茶の歴史、そして作家や文化人が集ったあの店この店を探る。（内堀弘）

ドライブイン探訪　橋本倫史

全国のドライブインに通い、店主が語る店や人生の話にじっくり耳を傾ける——手間と時間をかけた取材が結実した傑作ノンフィクション。（田中美穂）

ファッションフード、あります。　畑中三応子

ティラミス、もつ鍋、B級グルメ……激しくはやりすたりを繰り返す食べ物から日本社会の一断面を切り取った痛快な文化史。年表付。（平松洋子）

新宿駅最後の小さなお店ベルク　井野朋也

新宿駅15秒の個人カフェ「ベルク」。チェーン店にはない創意工夫に満ちた経営と美味さ。帯文＝奈良美智（柄谷行人／吉田戦車／押野見喜八郎）

酒のさかな　高橋みどり

ささっと切ったり合わせたり、気のきいた器にちょっと盛ればでき上がり。ついつい酒が進む、名店「にぼし」店主・船田さんの無敵の肴98品を紹介。

くいしんぼう　高橋みどり

高望みはしない。ゆでた野菜を盛るくらい。でもごはんはちゃんと炊く。料理する、食べる、それを繰り返す、読んでおいしい生活の基本。（高山なおみ）

買えない味　平松洋子

一晩寝かしたお芋の煮っころがし、土瓶で淹れた番茶、風にあてた干し豚の滋味……日常の中にこそある、おいしさを綴ったエッセイ集。（中島京子）

買えない味2　はっとする味　平松洋子

刻みパセリをたっぷり入れたオムレツの味わいの豊かさ、ペンチで砕いた胡椒の華麗な破壊力……身近なものたちの隠された味を発見！（室井滋）

買えない味3　おいしさのタネ　平松洋子

料理の待ち時間も、路地裏で迷いに迷ってお店を見つける時間も……全部味のうち。味にまつわる風景を綴ったエッセイ48篇。カラー写真も多数収録。

ちゃんと食べてる？　有元葉子

元気に豊かに生きるための料理とは？　食材や道具の選び方、おいしさを引き出すコツなど、著者の台所の哲学がぎゅっとつまった一冊。（高橋みどり）

大好きな野菜　大好きな料理　有元葉子

この野菜ならこの料理！　29の野菜について、味の方向や調理法を変えたベストな料理を3つずつご紹介。あなたの野菜生活が豊かに変わります。

諸国空想料理店　高山なおみ

注目の料理人の第一エッセイ集。世界各地で出会った料理をもとに空想力を発揮して作ったレシピ。よしもとばなな氏も絶賛。（南椌椌）

味覚日乗　辰巳芳子

春夏秋冬、季節ごとの恵み香り立つ料理歳時記。日々のあたりまえの食事を、自らの手で生み出す喜びと呼吸を、名文章で綴る。（藤田千恵子）

北京の台所、東京の台所　ウー・ウェン

料理研究家になるまでの半生、文化大革命などの出来事、北京の人々の暮らしの知恵、日中の料理について描く。北京家庭料理レシピ付。（木村衣有子）

亜土のおしゃれ料理　水森亜土

食べることが大好きなアドちゃんが楽しいイラストとキャッホー！ヤッホー！の愉快な文章で贈るアド流いいかげんレシピ。（はらぺこめがね）

おいしいおはなし　高峰秀子編

向田邦子、幸田文、山田風太郎……著名人23人の美味な思い出。文学や芸術にも造詣が深かった往年の大女優・高峰秀子が厳選した珠玉のアンソロジー。

ことばの食卓　武田百合子　野中ユリ・画

なにげない日常の光景やキャラメル、枇杷など、食べものに関する昔の記憶と思い出を感性豊かな文章で綴ったエッセイ集。（種村季弘）

玉子ふわふわ　早川茉莉編

国民的な食材の玉子、むきむきで抱きしめたい！ 森茉莉、武田百合子、吉田健一、山本精一、宇江佐真理ら37人が綴る玉子にまつわる悲喜こもごも。

なんたってドーナツ　早川茉莉編

貧しかった時代の手作りおやつ、日曜学校で出合った素敵なお菓子、毎朝宿泊客にドーナツを配るホテル、哲学させる穴……。文庫オリジナル。

箸もてば　石田千

食べることは、いのちへの賛歌。日々の暮らしでめぐりあう四季の恵みと喜びを、滋味深くつづるエッセイ集。書下ろし四篇を新たに収録。（坂崎重盛）

魚味求真　関谷文吉

稀代の名人、紀文寿司四代目・関谷文吉氏が遺した究極の魚食エッセイ。本気で美味い魚を食べたいなら本書を読むべし！（カラペティバトゥバ　長雄一）

たべもの芳名録　神吉拓郎

食べ物の味は、思い出とちょっとのこだわりで、より奥が深くなる。「鮓」「天ぷら」「鮎」「カレー」……。食エッセイの古典的傑作。（大竹聡）

春夏秋冬　料理王国　北大路魯山人

一流の書家、画家、陶芸家にして、希代の美食家でもあった魯山人が、生涯にわたり追い求めて会得した料理と食の奥義を語り尽す。（山田和）

ごはん通　嵐山光三郎

読むだけで美味い！ 日本人と米のかかわり、米の料理・食品のうまさ、味わい方を文学者のエピソードや面白蘊蓄話と共につづる満腹コメエッセイ。

世界ぶらり安うま紀行　西川治

屋台や立ち食いや、地元の人しか行かないような店でこそ、本当においしいものが食べられる。世界を食べ歩いた著者の究極グルメ。カラー写真多数。

ひきこもりグルメ紀行　カレー沢薫

博多通りもんが恋しくて——。家から一歩も出たくない漫画家が「おとりよせ」を駆使してご当地グルメを味わい尽くす〝ぐうたら系〟食コラム。

B級グルメで世界一周　東海林さだお

読んで楽しむ世界の名物料理。キムチの辛さにうなり、小籠包の謎に挑み、チーズフォンデュを見直し、どこかで一滴の醤油味に焦がれる。（久住昌之）

世界奇食大全　増補版　杉岡幸徳

あらゆる物を味わう珍グルメ大全。ラクダのこぶ、土のスープ、サボテンから、甘口イチゴスパまで。ワラスボ、トド等8品を増補。（宮田珠己）

ロシア文学の食卓　沼野恭子

前菜、スープ、メイン料理からデザートや飲み物まで。「食」という観点からロシア文学の魅力に迫る読書案内。カラー料理写真満載。（平松洋子）

味見したい本　木村衣有子

読むだけで目の前に料理や酒が現れるかのような食の本についてのエッセイ。古川緑波や武田百合子の食卓。居酒屋やコーヒーの本も。帯文＝高野秀行

満腹どんぶりアンソロジー
お〜い、丼《どん》　ちくま文庫編集部編

天丼、カツ丼、牛丼、海鮮丼に鰻丼。こだわりの食べ方、懐かしい味から思いもよらぬ珍丼まで作家・著名人の「丼愛」が迸る名エッセイ50篇。

アンソロジー
カレーライス!!　大盛り　杉田淳子編

内田百閒、池波正太郎、阿川佐和子……。忘れられない味からとっておきの名店まで、作家のカレー愛に満ちた名エッセイ、ボリュームたっぷり44編！

泥酔懺悔　朝倉かすみ、中島たい子、瀧波ユカリ、平松洋子、室井滋、中野翠、西加奈子、山崎ナオコーラ、三浦しをん、大道珠貴、角田光代、藤野可織

泥酔せずともお酒を飲めば酔っ払う。お酒の席は飲める人には楽しく、下戸には不可解。お酒を介した様々な光景を女性の書き手が綴ったエッセイ集。

熊の肉には飴があう　小泉武夫

熊鍋、筍鉄砲焼き、錆鮎赤煮、冬泥鰌筏焼きなど、伝説の料理人藤丸誠一郎が繰り出す山里料理の数々。読めばお腹が空いてくる90皿のうま汁小説！

幕末単身赴任 下級武士の食日記 増補版　青木直己

きな臭い世情なんてなんのその、単身赴任でやってきた勤番侍が幕末江戸の〈食〉を大満喫！　残された日記から当時の江戸のグルメと観光を紙上再現。

江戸へようこそ　杉浦日向子

江戸人と遊ぼう！　北斎も、源内もみ〜んな江戸のワタシラだ。江戸人に共鳴する現代の浮世絵師が、イキイキ語る江戸の楽しみ方。（泉麻人）

大江戸観光　杉浦日向子

はとバスにでも乗った気分で江戸旅行に出かけてみましょう。歌舞伎、浮世絵、狐狸妖怪、かげま……。名ガイドがご案内します。（井上章一）

東京路地裏暮景色　なぎら健壱

東京の街を歩き酒場の扉を開けば、あの頃の記憶と夢が蘇り、今の風景と交錯する。新宿、深川、銀座、浅草……文と写真で綴る私的東京町歩き。

中央線がなかったら　見えてくる東京の古層　陣内秀信　三浦展　編著

中央線がもしなかったら？　中野、高円寺、阿佐ヶ谷、国分寺……地形、水、古道、神社等に注目すれば東京の古代・中世が見えてくる！　対談を増補。

建築探偵の冒険・東京篇　藤森照信

街を歩きまわり、古い建物、変わった建物を発見し調査する〝東京建築探偵団〟の主唱者による、建築をめぐる不思議で面白い話の数々。（山下洋輔）

神田神保町書肆街考　鹿島茂

世界に冠たる古書店街・神田神保町の誕生から現在までの栄枯盛衰を鮮やかに描き出し、刊行時多くの愛書家を唸らせた大著が遂に文庫化！（仲俣暁生）

東京骨灰紀行　小沢信男

両国、谷中、千住……アスファルトの下、累々と埋もれる無数の骨灰をめぐり、忘れられた江戸・東京の記憶を掘り起こす鎮魂行。（黒川創）

小説　浅草案内　半村良

バブル直前の昭和の浅草。そこに引っ越してきた独り暮らしの作家。地元の人々との交流、風物、人情の機微を虚実織り交ぜて描く。（いとうせいこう）

玉の井という街があった　前田豊

永井荷風「濹東綺譚」に描かれた私娼窟・玉の井。しかし、その実態は知られていない。同時代を過ごした著者による、貴重な記録である。（井上理津子）

吉原はこんな所でございました　福田利子
三歳で吉原・松葉屋の養女になった少女の半生を通して語られる、遊廓「吉原」の情緒と華やぎ、そして盛衰の記録。（阿木翁助　猿若清三郎）

消えゆく横丁　藤木TDC・文　イシワタフミアキ・写真
昭和と平成の激動の時代を背景に全国各地から消えていった、あるいは消えつつある横丁の生と死を、貴重写真とともに綴った渾身の記録。

釜ヶ崎から　生田武志
失業した中高年、二十代の若者、DVに脅かされる母子――。野宿者支援に携わってきた著者が、「究極の貧困」を問う圧倒的なルポルタージュ。

聞書き　遊廓成駒屋　神崎宣武
名古屋中村遊廓跡で出くわした建物取壊し。そこから著者の遊廓をめぐる探訪が始まる。女たちの隠された歴史が問いかけるものとは。（井上理津子）

消えた赤線放浪記　木村聡
「赤線」の第一人者が全国各地に残る赤線・遊郭跡を訪ね、色町の「今」とそこに集まる女性たちを取材した貴重な記録。文庫版書き下ろし収録。

赤線跡を歩く　木村聡
戦後まもなく特殊飲食店街として形成された赤線地帯。その後十余年、都市空間を彩ったその宝石のような建築物と街並みの今を記録した写真集。

「悪所」の民俗誌　沖浦和光
都市の盛り場は、遊女や役者の呪力が宿る場所だった。「遊」「色」「悪」の視座から日本文化の深層をえぐり、「悪所」の磁場を解明する。（松尾恒一）

わんちゃ利兵衛の旅　神崎宣武
祭りや縁日で露店を開き人々を楽しませてきたテキヤ、その歴史は古い。旅の空の下で茶碗＝陶器を売り続けた、ある老人の生きた記録。（井上章一）

白い孤影　ヨコハマメリー　檀原照和
白の異装で港町に立ち続けた娼婦。老いるまで、そのスタイルを貫いた意味とは？　20年を超す取材をもとにメリーさん伝説の裏側に迫る！（都築響一）

沖縄と私と娼婦　佐木隆三
アメリカ統治下の沖縄。ベトナム戦争が激化するなか、米兵相手に生きる風俗街の女たちの姿をヒリヒリと肌を刺す筆致で描いた傑作ルポ。（藤井誠二）

本土の人間は知らないが、沖縄の人はみんな知っていること　矢部宏治

普天間、辺野古、嘉手納など沖縄の全米軍基地を探訪し、この島に隠された謎に迫る痛快無比なデビュー作。カラー写真と地図満載。（白井聡）

京都、オトナの修学旅行　赤瀬川原平／山下裕二

子ども時代の修学旅行では京都の面白さは分からない！　襖絵も仏像もお寺の造作もオトナだからこそ味わえるのだ。（みうらじゅん）

路上観察学入門　赤瀬川原平／藤森照信／南伸坊編

マンホール、煙突、看板、貼り紙……路上から観察できる森羅万象を対象に、街の隠された表情を読みとる方法を伝授する。（とり・みき）

考現学入門　今和次郎　藤森照信編

震災復興後の東京で、都市や風俗への観察・採集からはじまった〈考現学〉。その雑学の楽しさを満載し、新編集でここに再現。（藤森照信）

ジャンパーを着て四十年　今和次郎

世間に溢れる「正装」「礼儀」「エチケット」、形ばかりになってはいないか？　「考現学」の提唱者によるユーモア炸裂の服装文化論集。（武田砂鉄）

無言板アート入門　楠見清

無言板――それは、誰かがなにかの目的で立てたはずなのに、雨風や紫外線によって文字が消えてしまった街角の看板たち。ようこそ、路上の美術展へ。

はじめての暗渠散歩　本田創／髙山英男／吉村生／三土たつお

失われた川の痕跡を探して散歩すれば別の風景が現れる。橋の跡、コンクリ蓋、銭湯や豆腐店等水に関わる店。ロマン溢れる町歩き。帯文＝泉麻人

ふらり珍地名の旅　今尾恵介

浮気町、茄子作、雨降り……日本地図で見つけた珍しい地名の町で、由来や地形をたずね歩く。ほのぼのとユーモアあふれる楽しい紀行エッセイ。（酒井順子）

地理学者、発見と出会いを求めて世界を行く！　水野一晴

キリマンジャロ登山、ペルーの悪徳警官、ドイツ留学生活、ケニア山氷河の後退、天国の島ザンジバル……地理学も学べる冒険調査旅行記。（都留泰作）

新トラック野郎風雲録　鈴木則文

映画「トラック野郎」全作の監督が、撮影の裏話、本物のトラック野郎たちとの交流をつづったエッセイ集。文庫オリジナル。（掛札昌裕）

ちくま文庫

京都《きょうと》食堂《しょくどう》探究《たんきゅう》
——「麺類《めんるい》・丼物《どんぶりもの》」文化《ぶんか》の美味《びみ》なる世界《せかい》

二〇二三年十一月十日　第一刷発行
二〇二四年一月二十日　第二刷発行

著　者　加藤政洋（かとう・まさひろ）
〈味覚地図〉研究会（みかくちずけんきゅうかい）

発行者　喜入冬子
発行所　株式会社　筑摩書房
東京都台東区蔵前二―五―三　〒一一一―八七五五
電話番号　〇三―五六八七―二六〇一（代表）
装幀者　安野光雅
印刷所　TOPPAN株式会社
製本所　加藤製本株式会社

ISBN978-4-480-43920-8　C0195